Wolfgang Schmidbauer

Helfersyndrom und Burnout-Gefahr

Wolfgang Schmidbauer

Helfersyndrom und Burnout-Gefahr

Zeichnungen von Thomas Braun

URBAN & FISCHER
München · Jena

Zuschriften und Kritik an:
Dr. Wolfgang Schmidbauer, Ungererstraße 66, 80805 München,
info@wolfgang-schmidbauer.de oder
Urban & Fischer Verlag, Lektorat Pflege, Karlstr. 45, 80333 München

Die Deutsche Bibliothek – CIP-Einheitsaufnahme
Ein Titeldatensatz für diese Publikation ist bei
Der Deutschen Bibliothek erhältlich

ISBN 3-437-26940-2

1. Auflage 2002

02 03 04 05 06 5 4 3 2 1

Lektorat: Ulrike Bazlen, München
Herstellung: Christine Böhme, München
Satz, Druck und Bindung: Kösel GmbH & Co. KG, Kempten
Umschlaggestaltung: prepress | ulm GmbH, Ulm
Titelfoto: T. Pantin, Mauritius, Mittenwald

Aktuelle Informationen finden Sie im Internet unter der Adresse:
http://www.urbanfischer.de

Vorwort

„Helfersyndrom“ ist ein viel zitiertes Wort, das sich von seinem gedanklichen Hintergrund losgerissen hat und nun zirkuliert, viel gebraucht und nicht selten missbraucht wird. Als Autor, der diesen Begriff entwickelt hat, stört mich diese Situation schon seit längerer Zeit. Den Anstoß, durch ein neues Buch, das sich in erster Linie an Pflegende wendet, den Begriff Helfersyndrom wieder zu verankern, verdanke ich Peter Jacobs, Suse Zeller-Schüle und Ulrike Bazlen. Sie haben mich zu Fortbildungsveranstaltungen und Balintgruppen für Supervisoren aus der Pflege eingeladen. Sie haben mir erklärt, wie viele Leute vom Helfersyndrom sprechen und wie wenige noch den ursprünglichen Zusammenhang kennen. Als Redner und Fortbildner habe ich ein junges, neugieriges und engagiertes Publikum kennen gelernt, als Supervisor und Ausbilder von Supervisoren von den Schwierigkeiten im beruflichen Umfeld Pflegender erfahren.

In dem vorliegenden Buch bemühe ich mich, die Gefühlsprobleme im Hintergrund des helfenden Berufs in einfacher Sprache möglichst anschaulich darzustellen. Ich will jedoch nicht an der Oberfläche bleiben, sondern tiefer in die bestehenden Konflikte eindringen, sie benennen und Lösungsschritte vorschlagen. Die Fallbeispiele sind so verändert, dass Personen nicht identifizierbar sind.

Ich arbeite bis heute gerne mit den Menschen in der Pflege. Und bis heute ist es mir wichtig, sie zu ermutigen, sich nicht von akademischen Titeln oder theoretischem Pomp beeindrucken zu lassen. Je mehr eigenständiges professionelles Selbstbewusstsein die Pflegenden entwickeln, desto eher werden die Probleme im Gesundheitswesen und die einer alternden Gesellschaft gelöst werden können.

München, am 5. Januar 2002

Wolfgang Schmidbauer

Inhaltsverzeichnis

1 Der Pflegeberuf – Ein Beruf voller Probleme

Wer Pflegende nach der Zufriedenheit mit ihrem Beruf und nach den Stressquellen bei ihrer Arbeit befragt, statistische Daten zurate zieht und die Kommunikation in Pflegeteams beobachtet, wird zu einigen überraschenden Ergebnissen kommen:

- Eine große Mehrheit der Pflegenden behauptet, dass die Patienten weniger Stress verursachen und die Beziehungen zu ihnen als weniger belastend empfunden werden als die Beziehungen zu Kolleginnen und Vorgesetzten der eigenen oder der benachbarten (Ärzte, Verwaltung) Berufe.[1]
- In kaum einem anderen Bereich verabschieden sich so viele ausgebildete Fachkräfte nach kurzer Zeit nicht nur von einem Arbeitsplatz, sondern von ihrem ursprünglich gewählten Beruf. Verschiedene Untersuchungen ergaben, dass nach zwei Jahren nur noch die Hälfte oder noch weniger ausgebildete Krankenpflegerinnen in ihrem Beruf tätig sind.
- In der Kommunikation der Pflegenden fehlt vielfach die direkte Auseinandersetzung. Es gibt zu selten offene Kritik und echte Hilfen, sich gegenseitig in der Professionalität des Handelns zu fördern. Dagegen wird von vielen geklagt, dass hinter ihrem Rücken schlecht über sie geredet würde. Dazu kommt, dass es viele Pflegeteams gibt, die aus Angehörigen unterschiedlicher Nationalitäten zusammengesetzt sind.

- Das „Pflegeteam“ scheint im Bewusstsein vieler Mitglieder eher eine Ersatzfamilie zu sein, der bei erlebter Lieblosigkeit der Rücken gekehrt wird, als ein Ort gegenseitiger Unterstützung, aber auch Kontrolle und Qualifikation.
- Auch leitende Pflegekräfte greifen in Auseinandersetzungen zur Machtausübung durch Schwächedemonstration: Sie brechen in Tränen aus, melden sich krank, verlassen Türen schlagend den Raum des Konflikts.

Warum dieses Buch?

Im Zusammenhang mit solchen Erscheinungen wird manchmal der Begriff des „Helfersyndroms“ zitiert. Ich finde diese Erklärung problematisch. Aber da ich diesen Begriff selbst in die Welt gesetzt habe, will ich jetzt auch für diese missbräuchliche Verwendung ein Stück Verantwortung übernehmen und versuchen, die Zusammenhänge zwischen dem Helfersyndrom, den persönlichen Problemen Pflegender, der Burnout-Gefahr und den beruflichen Aussichten in der Pflege darzustellen.

Mir scheint ein Buch, das sich direkt an die Pflegenden wendet, ein gutes Mittel zu sein, um ihnen Mut zu machen und ihre schwierige Lage zu erleichtern. Der Blick in das eigene Innere, in die Verbindung der Wahl einer Lebensaufgabe mit der eigenen Geschichte ist etwas, das sich vielleicht in der intimen Situation von Lesen und Nachdenken eher einstellt als in einem Gruppentraining.

Dabei bin ich überzeugt, dass es auf lange Sicht ermutigender ist, den eigenen seelischen wie den politischen und organisatorischen Problemen ins Gesicht zu schauen als den Blick davon abzuwenden. Handlungskompetenz, Selbstkritik und professionelle Haltungen nützen den Pflegenden mehr als tröstende Worte über ihre hohen Ideale.

Spontane Hilfsbereitschaft

Menschliche Hilfsbereitschaft ist komplex aufgebaut. Sie lässt sich schon im Verhalten von kleinen Kindern nachweisen. Diese helfen einem Schwächeren oder trösten einen Weinenden, auch wenn dieses Verhalten nicht von den Eltern gefordert wird. Es ist für den Menschen „normal", auf eine freundlich vorgebrachte Frage eines Fremden nach dem Weg freundlich zu antworten und für diese Antwort kein Trinkgeld, sondern einen Dank zu erwarten. Dabei spielen allerdings kulturelle Einflüsse eine wichtige Rolle. In Afrika und im Orient ist es üblich, eine Frage nach dem Weg zu beantworten, auch wenn man das Ziel selbst nicht kennt: der freundliche Austausch wird auch um den Preis hergestellt, dass der Fremde sich verirrt und mit der Auskunft, dass man es selbst nicht wisse, besser dran gewesen wäre.

Die biologische Wurzel der menschlichen Hilfsbereitschaft liegt in der langen, intensiven Mutter-Kind-Beziehung, welche für das Überleben eines bei der Geburt hilflosen Geschöpfs notwendig ist. Die Bereitschaft zu solchen Beziehungen ist tief in unserer Emotionalität verankert, wobei viel dafür spricht, dass Männer und Frauen gleichermaßen diese Anlage in sich tragen, Frauen aber durch ihre körperlich engere Verbindung zu Schwangerschaft und Geburt seelisch stärker bewegt werden, sich mit solchen Beziehungen zu beschäftigen und sie als wesentlichen Teil ihres Lebensplans anzusehen.

Traditionelles Helfen

Spezifisch für uns Menschen ist die Gestaltung unseres Erlebens durch Sprache und Kultur. Unsere nächsten Verwandten im Tierreich haben ebenfalls zärtliche Mutter-Kind-Beziehungen und ein ausgeprägtes Sozialverhalten, bei dem Stärkere die Schwächeren beschützen. Aber dieses Verhalten ist situationsgebunden, es ergibt sich aus sinnlichen Eindrücken – wenn sich der Leopard nähert, packt der Schimpansenmann einen Prügel und verteidigt die Schwächeren in der Gruppe.

Menschliches Verhalten hingegen ist durch Sprache und damit durch verinnerlichte Normen bestimmt, welche den urtümlichen Triebanlagen oft zuwiderlaufen. So ist in allen „Rechtsstaaten“ Gewalt tabuisiert. Wir rächen uns für eine Beleidigung nicht mehr mit dem Knüppel, sondern wir rufen die Polizei, die dafür zuständig ist, uns nach Maßgabe von Gesetzen zu beschützen und zu kontrollieren, ob die Gesetze eingehalten werden.

Ein zentraler Einfluss der Sprache liegt darin, dass sie soziale Rollen formuliert. Sich der zugeschriebenen Rolle gemäß zu verhalten, sichert in einer solchen Kultur die seelische Stabilität.

Die erste und wichtigste Rolle ist die Geschlechtsrolle: In traditionellen Kulturen, d.h. in nicht industrialisierten Gesellschaften, gibt es fast immer ein „typisches“ Verhalten für Männer und eines für Frauen. Auf einem Bauernhof ist die Frau für den Garten und die Hühner zuständig, der Mann für den Acker und das Großvieh. In der europäischen Tradition war lange Zeit die Frau für das Innere des Hauses und die Kinder zuständig, der Mann „geht hinaus ins feindliche Leben“ (Schiller).

Die Verankerung in einer sozialen Rolle ist neben der angeborenen Komponente der Hilfsbereitschaft ihr zweiter, wesentlicher Bestandteil. Da die kulturellen Traditionen fast überall bei den Männern kriegerische Ideale vermittelt haben, ergab es sich zwangsläufig, dass die Frauen stark in Richtung auf Unterdrückung ihrer Aggressivität und Steigerung ihrer versorgenden Funktionen erzogen wurden. Solche Traditionen sehen wir heute kritisch, was aber keineswegs bedeutet, dass sie nicht noch untergründig eine wichtige Rolle spielen.

Das Helfersyndrom

Was aber ist das „Helfersyndrom“? Mit diesem Begriff wird eine Situation erfasst, in der die Hilfsbereitschaft weder spontan noch rollengebunden ist, sondern auf der Abwehr anderer Gefühle oder Handlungsbereitschaften beruht. Der Helfersyndrom-

Helfer meidet alle sozialen Beziehungen, in denen er nicht der Gebende, der Stärkere, der Versorgende ist. Eine Frau mit Helfersyndrom geht z.B. auf eine Party, um einen Mann kennen zu lernen. Sie kommt mit einigen ins Gespräch, die ihr gut gefallen, die attraktiv sind, bleibt aber schließlich mit einem zusammen, der ein Alkoholproblem hat und dem sie das Geld für die Rückfahrt mit dem Taxi zu seiner Wohnung auslegen muss. „Er hat mich am meisten gebraucht!" wird sie vielleicht als Erklärung für ihr Verhalten sagen.

Die meisten Menschen würden zugeben, dass sie lieber stark sind als schwach, lieber eine Situation kontrollieren als sich von ihr bestimmen zu lassen. Dieser Wunsch nach Stärke ist völlig normal. Aber es gehört zur Grundproblematik des Menschen, dass – wie es in Goethes Faust steht – Vernunft zu Unsinn, Wohltat zu Plage werden kann. Wenn wir uns vorstellen, dass die Stärke nicht nur gewünscht, sondern süchtig begehrt wird, dass umgekehrt die Schwäche nicht nur unangenehm, sondern mit einem Gefühl verknüpft ist, nichts wert zu sein – dann kommen wir der Dynamik des Helfersyndroms näher.

Stärker zu sein als andere ist ein Teil der narzisstischen Bedürfnisse nach Sicherheit. Da uns allen an sich klar ist, dass es im Leben keine Sicherheit gibt, wir uns aber emotional damit schlecht abfinden können, haben die Menschen schon immer versucht, Hilfsmittel zu finden, um sich ihre Stärke selbst zu beweisen. Sie tragen magische Gegenstände, holen sich Sicherheit aus dem Stern, der über ihrer Geburt stand, oder darin, wie Sportler, etwa Boxer oder Ringer, andere Starke im Wettkampf niedermachen.

Die Helfer suchen Sicherheit darin, dass sie stärker, vitaler sind als ihre Schützlinge. Sie wehren den naiven Triumph über jeden, der schwächer ist als sie, mit Schuldgefühlen ab. Sie triumphieren nicht, sie dienen, sie verachten die Schwachen nicht, sondern helfen ihnen. Sie sind ganz für die Schwachen da.

Diese Haltung kann ethisch fundiert und stabil sein. Dann wird eine Helferin oder ein Helfer eigene Schwächen, sobald sie erkennbar sind, problemlos offenbaren. Sie können ja davon ausgehen, dass sie jetzt die Zuwendung erhalten werden, die sie selbst anderen gespendet haben.

Das Konzept des Helfersyndroms ist in gruppendynamischen Trainings mit Menschen entstanden, die in Sozialberufen tätig waren. Mir fiel auf, dass z.B. Erzieherinnen es für gut und richtig erklärten, alle emotionalen Probleme offen auszusprechen. Aber sie konnten dieses Wissen nicht auf sich selbst anwenden; viele klammerten sich an ihre überlegene Rolle und berichteten darüber, dass sie im Privatleben immer und überall den Helfer spielen würden. „Wenn ich einmal ein Problem habe, ist sowieso niemand für mich da!“ Diese Äußerung signalisiert, welche soziale Umgebung sich jemand mit einem Helfersyndrom schafft. „Ich höre immer allen zu, mir hört sowieso niemand zu!“

Niemand kann immer stark sein

Kein Mensch kann immer stark sein. Krankheiten schwächen seinen Körper, die seelische Abhängigkeit von Anerkennung und

Befriedigung seine Psyche. Wer sich eingestehen kann, dass er nicht nur uneigennützig, sondern auch egoistisch ist, dass er nicht nur geben will, sondern auch etwas dafür bekommen, kann sich besser in seinem Inneren zurechtfinden als eine Person, die von sich fordert, stets stark und selbstlos zu sein. Aus ihr wird leicht ein unzugänglicher, verdrossener Mensch, um den sich wie ein unsichtbarer Mantel der Vorwurf legt, dass niemand seine Wünsche erraten hat.

Ich glaube heute – anders als 1977, als ich das Buch „Die hilflosen Helfer" schrieb – an einen dauernden Entwicklungsprozess der helfenden Motive. Es ist zu einfach, das Helfersyndrom allein darauf zurückzuführen, dass sich ein Kind in einem an Leistung und Stärke orientierten Familienklima mit einem idealen Elternbild identifiziert. Ich halte diesen Mechanismus nach wie vor für wichtig. Aber auf ihm allein lässt sich noch kein umfassendes Modell aufbauen.

Der Mensch lernt vor allem, indem er sich identifiziert. Diese Identifizierungen gehen während der späteren Kindheit und in der Jugend weiter; sie können die ursprünglichen Prägungen verändern, sie abschwächen oder verstärken. Die Geschlechtsrolle übt einen ebenso wichtigen Einfluss aus wie die in den verschiedenen Organisationen, z.B. in Schulen oder Krankenhäusern wirksame Kultur und die konkreten Personen, die uns begegnen. Ihnen können wir blitzschnell und oft ohne uns nachher zu erinnern lebensprägende Muster abschauen.

Typische Zeichen des Helfersyndroms

Das Helfersyndrom bezieht sich also auf jene Personen, die helfende Interaktionen bevorzugen, weil sie sich davor fürchten, selbst etwas für sich zu fordern. Sie fühlen sich „komisch", wenn sie darauf bestehen, dass sie ein Recht auf angemessene Entschädigung haben. Sie meiden das und hoffen still, dass ihre Dienste wahrgenommen werden.

Da sie selbst daran gewöhnt sind, sensibel auf Nöte und Wünsche ihrer Schützlinge zu reagieren, hoffen sie manchmal, dass sie endlich einer Person begegnen, die so feinfühlig ist wie sie. Aber sie verbergen ihre Wünsche nach Anerkennung und Belohnung. So erwarten sie oft besonders hartnäckig von jenen eine Wahrnehmung ihrer Leistungen, die – wie der oben angesprochene Alkoholkranke – am wenigsten in der Lage sind, eine lebendige Austauschbeziehung zu gestalten.

Hat es das Helfersyndrom schon immer gegeben?

In den bereits angesprochenen traditionellen Kulturen, also den nicht industrialisierten Gesellschaften, geht das Helfersyndrom in sozial anerkannten, tragenden Rollen auf, ist also nicht zu erkennen. Die Möglichkeit, es zu analysieren und zu beschreiben, bietet sich erst dann, wenn traditionelle Bindungen durch individuelle Lebensplanungen sowie die Verantwortung jedes Einzelnen für seinen Beruf und sein Privatleben ersetzt werden, wie es heutzutage der Fall ist. Entsprechend ist und war das Helfersyndrom in einer traditionellen Kultur wie z.B. einem Orden, der die Gelübde der Aufopferung, der Armut, Keuschheit und des Gehorsams fordert, kein Thema.

Ein emanzipatorisches Konzept

Beim Helfersyndrom handelt es sich um ein emanzipatorisches Konzept, das versucht, Menschen bei der Abwehr von Manipulationsversuchen zu unterstützen. Pflegenden, die angemessene Bezahlung für sich beanspruchen, ist schon entgegengehalten worden, sie sollten sich schämen, früher hätten die Pflegeorden ohne Bezahlung länger und besser gearbeitet als weltliche Schwestern heute. Diese Argumente werden dann besonders unglaubwürdig, wenn sie von Männern vorgebracht werden, die schon immer gut darauf achten konnten, dass sie angemessen honoriert werden.

Zum Helfersyndrom gehört die seelische Bereitschaft, sich durch solche Argumente beeindrucken zu lassen. Wer sozusagen süchtig an die Helfer-Rolle gebunden ist, wird es schwer haben, nicht ständig daran zu denken, dass er ja dankbar sein müsste für die Möglichkeit, anderen helfen zu dürfen. Er wird glauben, dass diese Arbeit ohnehin unbezahlbar ist und nur kalte, egoistische Frauen darauf bestehen, sie als professionelle Rolle zu definieren und ihren Anteil am Budget zu fordern.

Betrachtungsweisen des Helfersyndroms

Es gibt verschiedene Möglichkeiten, das Helfersyndrom zu sehen:

- *Die psychotherapeutische Betrachtungsweise.* Der Begriff „Helfersyndrom“ enthält ein Wort, das in der Medizin verwendet wird, um eine Verbindung verschiedener Symptome anzuzeigen – „Syndrom“. Solange Menschen, die zu viel und einseitig helfen, sich im Einklang mit sich und ihrer Umwelt erleben, empfinden sie selbst keine Störung und wünschen daher auch keine Hilfe. Aber es kommt nicht selten vor, dass die Einengung des Lebens auf diese Sichtweise irgendwann in eine Krise gerät. So entdeckte eine Frau, die lange Jahre aufopfernd und ohne andere Interessen als Kinderkrankenschwester gearbeitet hat, nach ihrem 40. Geburtstag und dem Tod ihrer lange pflegebedürftigen Mutter plötzlich, dass ihr eigene Kinder fehlten und sie niemals zurückbekommen würde, was sie selbst ihrer Mutter gegeben hatte. Sie wurde depressiv, konnte nicht mehr arbeiten und schlug sich mit Selbstmordgedanken herum, die zu ihrer bisherigen positiven Einstellung überhaupt nicht passten und über die sie mit niemandem sprechen konnte, weil es ja in den letzten Jahrzehnten immer die anderen gewesen waren, die mit ihren Problemen zu ihr kamen.
- *Die politische Betrachtungsweise.* In vielen traditionellen Kulturen herrscht die Vorstellung, dass es „richtige“ und „falsche“ Glaubensformen, Götter und Weltanschauungen gibt. Dieses

Denken wird nicht selten von den Starken und Mächtigen einer Gesellschaft ausgenutzt. Glauben in einer Kultur zum Beispiel alle daran, dass es nur einen Gott gibt und die Kirche der Stellvertreter dieses Gottes ist, wird sich kein gläubiger Mensch gegen die Kirche auflehnen. Wenn Frauen vermittelt wird, dass sie für den harten Lebenskampf nicht geeignet sind und ihren Platz im Haus, unter dem Schutz eines Mannes suchen müssen, dann erspart das den Männern viele Auseinandersetzungen. Verbreitete, für herrschende Gruppen nützliche Meinungen nennt man auch Ideologien. Die Ideologie, dass bestimmte Personen naturgemäß bereit sind, uneigennützig und anspruchslos überall dort zu helfen, wo es notwendig ist, unterstützt (berufs-)politische Tendenzen, die Ausbeutung von Menschen in den helfenden Berufen zu rechtfertigen und den Kampf um eine gerechtere Verteilung zu blockieren. Hemmungen, über die eigenen Helfermotive nachzudenken und kritischen Abstand zu inneren Zwängen in dieser Richtung zu gewinnen, arbeiten einer konservativen Politik in die Hände.[2]

- *Die supervisorische Betrachtungsweise.* Unter Supervision versteht man heute vorwiegend eine von speziell ausgebildeten Beratern getragene Situation, in der die beratenen Einzelpersonen oder Teams lernen, ihre eigene Professionalität weiterzuentwickeln. Das Konzept des Helfersyndroms erklärt beispielsweise auch die vielen hartnäckigen Widerstände gegen eine Professionalisierung der eigenen (Pflege-)Arbeit.

Wer professionell arbeitet, muss sein Handeln nach dem Maßstab ausrichten, wie er mit möglichst geringem Energieaufwand möglichst viele seiner beruflichen Ziele auf einem möglichst hohen Qualitätsniveau erreichen kann. Wer aus emotionalem Zwang hilft, ist dazu nicht in der Lage und lehnt oft auch ein entsprechendes Nachdenken ab. Der von einem Helfersyndrom beeinträchtigte Chirurg würde angesichts einer Katastrophe mit vielen Verletzten dem nächstliegenden Verwundeten aus Leibeskräften beistehen und sich verausgaben, auch wenn es sich um einen Schwerstverletzten handelt, der trotz seiner Bemühungen sterben würde.

Der professionelle Chirurg würde sich einen Überblick verschaffen und drei Gruppen von Verletzten unterscheiden: Schwerstverletzte, denen er nicht mehr helfen kann, Leichtverwundete, die auch ohne Hilfe überleben, und schließlich eine dritte Gruppe von Verletzten, die dank seiner Hilfe gerettet werden können. Auf sie richtet er dann seine ganze Energie; die beiden anderen Gruppen bekommen, was davon noch übrig bleibt, wenn er diese Gruppe versorgt hat.

Die scheinbare Herzlosigkeit dieser „Triage" (Drittelung) genannten Maßnahme enthält ein typisches Merkmal von Professionalität: Es geht darum, keine Energie an Idealansprüche zu verschleudern, sondern Wesentliches von Unwesentlichem zu unterscheiden und so optimal zu arbeiten.

Unsichere Professionalität als Problem der Pflege

Ein wesentliches Problem in den pflegenden Berufen ist die Tatsache, dass sie erst in jüngster Zeit in einem modernen Sinn „professionalisiert" worden sind. Während die beruflichen Rollen anderer Mitarbeiter, im Krankenhaus z.B. die von Ärzten und Juristen, recht klar definiert sind, ist die Professionalität der Pflegenden weder im Bewusstsein der Patienten noch im Bewusstsein der Mitarbeiter fest verwurzelt.

Konkret bedeutet das, dass die Rolle „guter, hilfreicher Mensch" und die Rolle „professionell Pflegende" nicht abgegrenzt sind. Wenn in einer Station der Putzdienst ausgefallen ist oder eine Feier organisiert werden soll, ist die Wahrscheinlichkeit groß, dass die Pflegenden es für selbstverständlich halten, diese Aufgaben zu übernehmen, während die Ärzte entschiedener an ihrer beruflichen Rolle festhalten und keine dieser Aufgaben übernehmen.

Interessant ist hier auch ein Geschlechtsunterschied in der Pflege: Männliche Pflegekräfte erlernen ihren Beruf sozusagen als Antithese zu traditionellen Klischees von Männlichkeit. Sie werden sich deshalb auch eher gegen berufsfremde Aufgaben wehren. Frauen hingegen erleben Professionalität in der Pflege oft als Abstieg, als Signal dafür, dass sie etwas kalt und unengagiert leisten. „Gute Krankenschwester“ und „gute Frau“ sind sozusagen weniger klar abgrenzbar als „guter Pfleger“ und „guter Mann“.

Je ausgeprägter eine professionelle Rolle ist, umso besser sind auch die Möglichkeiten, Misserfolge zu verarbeiten, ohne die eigene Person in Frage zu stellen. So gibt es für den Chirurgen die Möglichkeit, sich für eine operative Leistung nach den Regeln der ärztlichen Kunst selbst zu bestätigen, obwohl der Patient die Operation nicht überlebt hat. Je diffuser umgekehrt die berufliche Rolle ist, desto eher werden Misserfolge oder die Unzufriedenheit von Patienten „persönlich genommen“. Pflegende beneiden oft die Möglichkeiten der Ärzte, sich hinter objektiven Daten zu „verstecken“. Dennoch nehmen viele von ihnen die längst in den Lehrbüchern ausgearbeiteten professionellen Regeln für ihre Arbeit nicht mit in ihren Arbeitsalltag. Wenn jemand professionell gepflegt wird und trotzdem unglücklich oder aggressiv ist, nehmen die Pflegenden das persönlich und fühlen sich durch diese „Undankbarkeit“ abgewertet. Und nicht selten treffen den undankbaren Patienten verdeckte Sanktionen. So schwindet unmerklich der Stolz auf gute professionelle Arbeit; an seine Stelle tritt das unerfüllbare Streben, sich beliebt zu machen und dankbar zu stimmen. Wer durch seine Pflege glücklich machen will, wird am Ende keinen Patienten mehr sehen können.

Flucht aus dem Beruf

Die psychischen Gefahren, welche sich durch diese nicht fest verwurzelte Berufsrolle ergeben, lassen sich neben dem Helfersyndrom durch einen weiteren Begriff beschreiben: Burnout. Dieses Konzept wurde in den USA ursprünglich für die seelische

Erschöpfung von Teams in der Sozialarbeit entwickelt. Es setzte sich dann aber international durch. Das Helfersyndrom beschreibt eine sozusagen naive, von unbewussten Vorstellungen geprägte Motivation für helfende Berufe, die zum Burnout führen kann, weil sie angesichts der Realität der Arbeit zwangsläufig zu Überforderung und Enttäuschung führt. Eine „schöne und interessante Aufgabe", die einen Menschen erfüllt und glücklich machen kann, reicht eben nicht für eine stabile Berufsmotivation aus. Professionelle Helfer müssen auch lernen, mit Stress angemessen umzugehen. Sie müssen darauf vorbereitet sein, dass sie nicht immer Erfolg haben, nicht immer Dankbarkeit ernten und nicht von allen Kollegen anerkannt werden.

Wer seine Rolle nicht findet, ist für den Beruf verloren

In der Berufsrolle wird genau definiert und abgegrenzt, was ein Mitarbeiter tun muss, um sich als tüchtig zu akzeptieren und

sein berufliches Selbstbewusstsein aufrechtzuerhalten. Wenn die Berufsrolle unklar ist, werden häufig unrealistische Erfolgserwartungen aufgebaut. Wenn diese dann enttäuscht werden, verliert der Beruf seine Anziehungskraft. Er wird dann nur noch mechanisch abgeleistet („Dienst nach Vorschrift"), wenn wirtschaftliche Gründe drängen, in ihm zu bleiben. Oft wird er auch bei der ersten besten Gelegenheit aufgegeben. So ist gerade unter den frisch examinierten Pflegekräften der „Schwund" sehr groß; in vielen Einrichtungen sind bereits zwei Jahre nach dem Examen nur noch die Hälfte der Examinierten weiterhin tätig.

Das spricht dafür, dass die Rollenerwartungen und der soziale Druck auf die Pflegenden in dieser ersten Praxisphase besonders groß sind. Unter diesen belastenden Umständen die Berufsmotivation zu erhalten, ist eine Aufgabe, die noch zu wenig Aufmerksamkeit findet. So werden neue Teammitglieder oft nicht kompetent und engagiert begleitet, sondern nach dem Motto „der Sprung ins kalte Wasser hat mir auch nicht geschadet" überfordert und alleingelassen. Personalführung und Personalentwicklung als Aufgaben einer professionellen Organisation der Pflege werden vernachlässigt. Hat die Führungsebene der Pflegenden ihre Leiterrolle nicht gefunden, braucht man sich nicht darüber wundern, wenn auch die Pflegenden selbst sich nicht vor dem Burnout schützen können.

Unter dem Druck einer vermehrten Orientierung an wirtschaftlichen Gesichtspunkten und der Entdeckung der Patienten als Kunden werden Führungs- und Entwicklungskonzepte, die in größeren Industrieunternehmen schon lange ganze Abteilungen beschäftigen, oft überhastet und unüberlegt in der Krankenpflege eingeführt. Eindrucksvolle Rhetorik über die eigene Fortbildung im Sozialmanagement heißt aber noch nicht, dass Führungsaufgaben wirklich erfüllt werden.

Was heißt „Burnout“ genau?

Es gibt verschiedene Deutungen über die Entstehung des Burnout-Begriffs. Wörtlich heißt Burnout Ausbrennen, es entspricht dem Verlöschen einer Lampe, wenn das Öl verbraucht ist oder dem Zustand eines „ausgebrannten“ Gebäudes. Unter Motorradfahrern bedeutet Burnout den Verschleiß eines Reifens, wenn bei festgehaltener Vorderradbremse so viel Gas gegeben wird, dass das Hinterrad durchdreht und der Pneu sich so stark erhitzt, dass er raucht oder sogar Feuer fängt; so lässt sich ein Reifen in wenigen Minuten „abfahren“, ohne dass der Fahrer einen Meter vorwärts kommt.

Anfangsphase

Eines der ersten Signale des Burnout ist Überengagement. Die Betroffenen arbeiten nahezu pausenlos. Während zu einer normalen Berufstätigkeit der Wechsel von Arbeit und Freizeit gehört, idealisieren sie die Arbeit als vollständig befriedigend und geben vor, keinerlei Erholung zu benötigen. Auf Entspannungs- und Erholungsphasen wird verzichtet, der eigene Einsatz als vorbildlich hingestellt. Die Betroffenen sind eher überaktiv, fühlen sich unentbehrlich, verleugnen eigene Bedürfnisse, um die helfende Rolle perfekt durchzuhalten. Die Neigung, Kolleginnen und Kollegen im Team zu entwerten, um die eigene Vollkommenheit herauszustellen, macht solche Mitarbeiterinnen und Mitarbeiter oft unbeliebt und verstärkt das übermäßige Engagement. Andererseits fallen sie bei Vorgesetzten angenehm auf. Besonders problematisch wird der noch verleugnete Burnout, wenn den Betroffenen Führungsaufgaben übertragen werden. Sie können sich nicht auf diese neue Situation umstellen und ihre Mitarbeiter fördern, sondern rivalisieren mit ihnen und wollen ihnen beweisen, dass sie tüchtiger sind. Auf diese Weise werden ihre Mitarbeiterinnen und Mitarbeiter blockiert und verlieren jede Lust, sich zu engagieren.

Einbruchsphase

Irgendwann bröckelt die überforderte Leistungsfassade. Es lässt sich nicht mehr verleugnen, dass Anspruch und Erfolgserlebnisse auseinander klaffen und die Burnout-Gefährdeten ihren eigenen Ansprüchen nicht gewachsen sind. Chronische Müdigkeit und Unlust, die Arbeit zu beginnen, sind erste Warnsignale. Wenn nach einem längeren Urlaub der erste Arbeitstag ebenso belastend erlebt wird wie der letzte vor dem Urlaub, ist klar, dass die Regenerationsfähigkeit reduziert ist. Andere Symptome sind zunehmende Distanz von den eigenen Aufgaben und von den Menschen, die betreut werden sollen. Unpersönliche, manchmal zynische Ausdrücke setzen sich durch. Die Arbeit, die einmal mit Sätzen wie „Geld ist für mich unwichtig!“, „ich tue es um der Sache willen, nicht für Geld!“ idealisiert wurde, wird als erheblich anstrengender, verantwortungsvoller, dabei aber auch schlechter bezahlt als alle anderen Tätigkeiten erlebt. Die Pflegenden fühlen sich ausgenutzt und gewinnen die Überzeugung, dass angesichts des Missverhältnisses von Anstrengung und Gehalt auch illegale Mittel (wie Krankfeiern oder falsche Überstundenabrechnungen) erlaubt sind, um Vorteile herauszuholen.

Den Betroffenen gelingt es nicht mehr, die in jeder Arbeit unausweichlichen Versagungen und Belastungen auszugleichen und die mit diesen verknüpften Aggressionen zu neutralisieren. Die Aggressionen werden entweder gegen die eigene Person gerichtet – Schuldgefühle, Selbstentwertungen, bedrückte Stimmung, Phantasien, für den Beruf völlig ungeeignet zu sein und ihn aufgeben zu müssen – oder aber sie richten sich gegen Kolleginnen und Patienten. In den Teams werden Sündenböcke geschaffen: in der geräuschvollen Herabsetzung anderer, die noch schlechter arbeiten als ich, kann ich mein beschädigtes professionelles Selbstgefühl retten.

In harmloseren Fällen sind die „Schuldigen“ weiter weg – die Ärzte, die Gesundheitspolitiker, die Krankenhausverwaltung. Klagen und Schuldzuschreibungen in einem Burnout-Zustand sind geradezu das Gegenteil von Versuchen, die eigenen Arbeitsbedingungen zu verbessern. Es werden keine konkreten Schritte unternommen, Vorgesetzte in die Pflicht zu nehmen, um Missstände zu beseitigen. Solche Bemühungen werden als hoffnungslos beurteilt und die eigene Opferrolle kultiviert.

Abbauphase

Dieser Periode wachsender Gefühle der Benachteiligung folgt als nächstes Stadium einer Burnout-Entwicklung der Leistungsabbau. Die Betroffenen können sich nicht mehr konzentrieren, es unterlaufen ihnen gehäuft Flüchtigkeitsfehler. Es scheint ihnen gleichgültig, ob sie gut oder schlecht arbeiten; ihre Leistungsbereitschaft und ihr berufliches Engagement schwinden. Der Krankenstand ist sehr hoch; zu den Symptomen einer depressiven Entwicklung treten körperliche Leiden: Chronische Rücken- und Gelenkschmerzen, Schlaflosigkeit, erhöhte Anfälligkeit für Infektionen und Herzkreislaufprobleme. Die Gefahr von Alkoholismus oder Opiatmissbrauch wächst. Alle Beschäftigten im Krankenhaus sind wegen der leichten Zugänglichkeit von Medikamenten besonders gefährdet, unkontrolliert Aufputsch- oder Betäubungsmittel zu konsumieren, wodurch ihre Leistungsfähigkeit weiter beeinträchtigt wird und die Neigung wächst, Schwierigkeiten zu vertuschen und zu verleugnen.

Der Burnout erfasst in der Abbauphase auch die nichtberuflichen Beziehungen. Die Krise wird weiter vertieft, weil Regenerationsmöglichkeiten wegfallen. Durch das verlorene berufliche Selbstbewusstsein ist auch das Privatleben beeinträchtigt. Die Betroffenen ziehen sich von ihren Mitmenschen zurück, pflegen Freundschaften nicht mehr und unternehmen nichts, wenn sich der Partner trennt oder scheiden lässt. Sie vereinsamen.

Kompensierter Burnout

Während uns die gerade beschriebene Abbauphase einer Burnout-Entwicklung als seltener Extremfall erscheint, sind die Fälle eines kompensierten Burnouts viel vertrauter. Dazu gehören die Berufstätigen, die einen inneren Ausstieg aus dem Beruf verbergen, um keine Schwierigkeiten zu bekommen. Sie leisten Dienst nach Vorschrift und bemühen sich, ihr mangelndes Engagement unauffällig zu halten oder Ausreden zu ersinnen, die es „rechtfertigen", z.B. eigene Erkrankungen, Eheprobleme, Belastungen durch Kinder, einen Hausbau oder pflegebedürftige Angehörige. Durch die wenig gefestigte Professionalisierung der pflegenden Tätigkeit ist es in Teams Pflegender oft nicht leicht, Klarheit darüber zu erzielen, dass es unprofessionell ist, Kollegen wie Patienten zu behandeln. Übermäßige Rücksichtnahme und die Bereitschaft, Ausreden hinzunehmen und mangelnde Leistungsbereitschaft zu entschuldigen, können Burnout-Entwicklungen fördern und es zur Routine werden lassen, dass die weniger ausgebrannten Mitglieder eines Teams die Arbeit der stärker Betroffenen so lange erledigen, bis sie selbst nicht mehr können. Daher ist Burnout auch „ansteckend", so lange er nicht erkannt und bekämpft wird: durch den Abbau des Engagements bei einigen Betroffenen können die noch nicht Betroffenen so überlastet werden, dass auch sie ihre Leistungsbereitschaft verlieren. In einem engagierten Team macht die Arbeit Spaß; in einem ausgebrannten möchte jeder schnell nach Hause kommen und seinen Kolleginnen und Kollegen möglichst viel Arbeit überlassen.

2 Hintergründe des Helfen-Wollens

Die Motivation für einen helfenden Beruf gleicht einem Band, das aus vielen verschiedenen Fäden gewebt ist. Es enthält spontane und sozial-kulturelle Bestandteile. Besonders wichtig, weil auch besonders konfliktträchtig, sind allerdings jene in den meisten Fällen unbewussten Beweggründe, die sich mit den Mitteln der Tiefenpsychologie erforschen und zu dem Konzept des Helfersyndroms zusammenfassen lassen.

Solche Konzepte sind nicht unproblematisch. Es ist für uns alle nicht leicht, uns einzugestehen, dass wir nicht alles wissen, was sich in uns abspielt, und dass es Bereiche gibt, die unserem Willen entzogen sind. Darüber hinaus ist die Versuchung groß, dass jene, die sich sozusagen psychoanalytisch kundig gemacht haben, ihr Wissen verwenden, um andere zu manipulieren. Wenn ich einer Kollegin, deren Verhalten mir missfällt, vorwurfsvoll entgegenhalte: „Das machen Sie ja nur wegen Ihres Helfersyndroms!", habe ich zur Erhellung der Situation nichts beigetragen. Ich habe einen potenziell nützlichen Begriff missbraucht und dadurch einen Widerstand geweckt, ernsthaft über eine wichtige Frage nachzudenken. Dabei handelt es sich um die Frage, warum manche Menschen zwar hilfsbereit sind, davon jedoch auch Abstand nehmen können, wenn es ihnen die Einsicht gebietet, andere jedoch auch dann helfen, wenn es nicht angebracht ist. Es ist ja ein wichtiger Unterschied, ob meine Hilfe dem Schützling Initiative ermöglicht oder sie ihm abnimmt.

Hilfe zur Selbsthilfe

Das professionelle Ideal der Pflege ist immer Hilfe zur Selbsthilfe, nicht entmündigende, depotenzierende oder lähmende Pflege. Aber das setzt voraus, dass die Pflegenden in der Lage sind, sich jederzeit in ihren Bemühungen zurückzunehmen.

Auch im Umgang mit den eigenen Kräften wird eine unkontrollierbare Helferrolle zum Problem. Wenn es mehr zu tun gibt, als ich leisten kann, verführt das Helfersyndrom dazu, bis zur völligen Erschöpfung zu arbeiten und dann, nach dem Zusammenbruch der eigenen Regenerationsmöglichkeiten, gar nichts mehr tun zu können.

Das Helfersyndrom kann durch günstige äußere Einflüsse (positive Teamerfahrungen, gute Ausbildung, professionelle Führung) abgemildert werden, unter ungünstigen Umständen aber die Burnout-Gefahr erheblich steigern.

Die Verarbeitung kindlicher Verletzungen im helfenden Beruf

Die unbewusste Komponente der Helfer-Motivation hängt zunächst damit zusammen, dass sich die späteren Helfer als Kinder wenig beachtet und in ihren Bedürfnissen nach Anerkennung und Spiegelung durch Erwachsene abgelehnt fühlten. Um diese Mangelerlebnisse auszugleichen, identifizierten sie sich mit einer idealen, perfekten Helfer-Gestalt, die möglichst vielen anderen gerade das gibt, was die Betroffenen nicht ausreichend bekommen haben. Kennzeichnend für das Helfersyndrom sind:

- *Starre Werthaltungen* und die Unfähigkeit, eigene Vorstellungen zu relativieren, andere Vorstellungen anzunehmen und Humor oder zumindest eine gewisse Akzeptanz in Bezug auf die Tatsache zu entwickeln, dass alle Menschen zwar nach Idealen streben, diese aber nicht erreichen können.

- *Störungen im Erleben von Aggressionen.* Eigene Aggressionen werden verleugnet und indirekt ausgelebt, z.B. nach dem Gesetz des verteidigten Dritten: Die Betroffenen können sich nicht wehren, wenn ihnen Unrecht geschieht; wird das Unrecht aber einem Dritten zugefügt, können sie plötzlich kämpfen. Eine andere, verbreitete Form dieser indirekten Aggression sind Klatsch und Intrige: Entwertende, aggressive Äußerungen werden nicht an die Betroffenen adressiert, sondern erreichen sie auf Umwegen über Dritte. So werden schmerzhafte, aber auch klärende Auseinandersetzungen vermieden, um den Preis einer Vergiftung des Klimas in einer Organisation oder Arbeitsgruppe.
- *Unersättliches Verlangen nach Bestätigung.* Da die Helferrolle beim Helfersyndrom nicht frei gewählt ist, sondern hilft, angstbesetzte Gefühle von Abhängigkeit zu vermeiden, sind die Betroffenen süchtig nach der Bestätigung, die sie daraus gewinnen, für andere wichtig zu sein, gebraucht zu werden. In extremen Formen führt diese Unersättlichkeit dazu, dass Helfer im Urlaub oder während eines Klinikaufenthaltes depressiv werden, weil sie dann keine Möglichkeit haben, etwas für andere zu tun, und keine Befriedigung daraus gewinnen können, dass sie jetzt selbst versorgt werden.
- *Vermeidung von Gegenseitigkeit.* Emotionale Beziehungen zwischen Erwachsenen beruhen darauf, dass beide Partner bald die Nehmenden, bald die Gebenden sind, dass beide voneinander in ähnlicher Weise abhängig und unabhängig sind. Im Fall des Helfersyndroms werden auch die privaten, intimen Beziehungen anders gestaltet: Die Helfer sind darauf angewiesen, immer die Gebenden und die wenig Abhängigen zu sein; sie „erziehen“ ihre Partner dazu, abhängig zu sein und zu bleiben.
- *Das Idealisierungs-Entwertungs-Dilemma.* Beim Helfersyndrom werden Selbstgefühlsprobleme nicht bewusst verarbeitet, sondern durch Idealisierung ausgeglichen: Die Betroffe-

nen sind darauf angewiesen, sich selbst als besonders gute, uneigennützige Menschen zu erleben und von anderen als solche anerkannt zu werden. Die Möglichkeiten, Kritik zu verarbeiten, über Kränkungen offen zu sprechen, sind vermindert, da Kritik mit völliger Entwertung gleichgesetzt wird. Um die Schwierigkeiten der Helfer zu verstehen, mit Kritik umzugehen, ist das Modell des abgelehnten Kindes hinter der starken Helfer-Fassade nützlich. Wenn die Fassade in Frage gestellt wird, können die Betroffenen nicht differenzieren, sondern fühlen sich vollständig abgelehnt. Sie kehren innerlich zu den traumatischen Erlebnissen zurück, die sie veranlasst haben, sich mit dem Ideal des Helfers zu identifizieren.

Geschlechtsunterschiede

Manchmal liest man in Hochglanzzeitschriften, dass irgendein Wissenschaftler entdeckt habe, die Geschlechtsunterschiede seien gar nicht sozial bestimmt, sondern genetisch festgelegt. Das ist Unsinn, nicht weil es solche genetischen Unterschiede nicht gibt, sondern weil seit langem geklärt ist, dass die Entweder-oder-Fragestellung „angeboren“ – „erlernt“ in die Irre führt. Typisch für Menschen ist immer die intensive Wechselwirkung von Umwelteinflüssen *und* genetischen Faktoren.

So wissen wir aus unserem Bekanntenkreis, dass Frauen zwar meist einfühlender, stärker an Gesprächen, an intensiven, engen Beziehungen orientiert sind als Männer und Männer sich in der Regel mehr für Technik und für Sport interessieren als Frauen. Aber es ist auch klar, dass es immer Gegenbeispiele gibt – einfühlsame Männer und sportfixierte Frauen.

Der helfende Beruf hat in den kulturellen Traditionen Europas eine männliche Seite, die mit Prestige und Macht zu tun hat (Priester, Ärzte, Lehrer). Seine weibliche Seite ist durch die Pflege und Sorge für Kinder, Kranke, für die (hilfs-)bedürftigen Seiten der Männer charakterisiert. Da diese Bedürftigkeit einerseits sehr stark ist, andererseits schlecht in das Selbstbild der Starken passt, wird sie oft verleugnet und entwertet. Diese Entwertung trifft dann auch die Frauen.

Steigerung und Gegenbild

Wenn wir die Geschlechtsrollen in unsere Analyse der emotionalen Hintergründe des helfenden Berufs einbeziehen, wird auch deutlich, dass sich gerade in der Pflege Männer und Frauen erheblich unterscheiden. Frauen, die einen pflegenden Beruf wählen, kompensieren Probleme mit ihrem Selbstgefühl, indem sie die vorhandenen Rollenerwartungen übernehmen, sie in einzelnen Fällen auch steigern und durch Übererfüllung auf die Spitze treiben. Männer hingegen gehen ihre Selbstgefühlsprobleme an, indem sie sich für einen Beruf entscheiden, der den Klischeevorstellungen über einen Mann widerspricht. Sie riskieren es, dass andere sie für wenig männlich halten. Wenn wir ihre Motive mit der familiären Situation während der Kindheit verknüpfen, möchte die spätere Krankenschwester als Kind ihre Mutter übertreffen, während der spätere Pfleger ein Gegenbild zum Vater entwirft und ganz anders werden will als dieser.

Bezogen auf die Professionalisierung der Pflegenden wird daraus auch verständlich, dass Frauen sich viel weniger Gedanken über ihren Beruf und ihre Berufswahl machen als Männer. Sie empfinden ihre Entscheidung als unproblematisch, weisen unter Umständen auf entsprechende Traditionen in ihrer Familie hin. Männer hingegen betonen eher trotzig, es sei doch ganz normal, dass auch ein Mann solche Arbeit tue.

Der häufigste Grund für die Frauen, sich aus dem Beruf zurückzuziehen, ist die Transposition der pflegenden Aufgaben in die eigene Familie, auf eigene Kinder (in Ausnahmefällen auch auf pflegebedürftige Angehörige). Männer würden diesen Rückzug viel eher als persönliche Niederlage empfinden. Da sie oft schon bei ihrer Entscheidung für den Beruf soziale Widerstände zu überwinden gelernt haben, sind sie auch wehrhafter. „Wenn die Ärzte etwas durchsetzen wollen, was ihnen eigentlich nicht zusteht, warten sie immer, bis meine Stellvertreterin Dienst hat", sagte mir einmal ein Stationsleiter.

Das Problem der Psychologisierung

Für Pflegende, die über sich selbst und ihren Beruf nachdenken, mag das Konzept des Helfersyndroms hilfreich sein. Aber es birgt auch Gefahren und weckt Widerstände. Vorstellungen, die aus dem Bereich der Psychotherapie kommen, sind nur dann sinnvoll, wenn sie in einem Raum untergebracht werden, der von politischen und wirtschaftlichen Interessen befreit ist. Wenn es beispielsweise in einem Pflegeteam Probleme gibt, weil manche Mitglieder benachteiligt werden, dann ist es nicht hilfreich, sondern perfide, den Protest der Unzufriedenen auf deren Helfersyndrom zurückzuführen.

Wir denken nicht gern über Dinge nach, die uns in einem schlechten Licht erscheinen lassen. Der Philosoph Nietzsche hat schon vor mehr als hundert Jahren, noch ehe Freud die Psychoanalyse entwickelte, diesen Mechanismus beschrieben. „Das habe ich getan, sagt mein Gedächtnis. Das kann ich nicht getan haben, sagt mein Stolz. Endlich gibt das Gedächtnis nach."

Selbstkritische Gedanken können unser Selbstbewusstsein schwächen. Wir vermeiden sie umso mehr, je weniger wir uns sicher und geborgen fühlen. Daher versuchen Fachleute, die unter die Oberfläche vordringen und die Tiefendimension der menschlichen Seele erforschen wollen, auch immer eine Umgebung zu schaffen, in der sich Menschen sicher fühlen, in der sie Vertrauen schöpfen und sich von dem Modell der Anklage frei fühlen: „Alles, was Sie sagen, kann gegen Sie verwendet werden."

Niemand spricht gern über seine Ängste und seine Gefühle hilfloser Abhängigkeit, die er als Kind unterdrücken und bewältigen musste. Niemand erkennt ohne Not, dass er nicht so tugendhaft ist, wie er es gern wäre.

Warum Fehler vermindert, wer über Fehler spricht

Dennoch ist eine professionelle Entwicklung unmöglich, wenn wir keine Fehler machen dürfen und in der Folge auch keinen Raum haben, in dem wir über Fehler sprechen können. Wer den Raum der Routine verlassen und Neues versuchen möchte, muss Fehler in Kauf nehmen. Wer alle Fehler vermeiden will, kann sich nicht entwickeln und erstarrt geistig.

Auf der anderen Seite ist es natürlich das Ziel einer professionellen Entwicklung, besser – d.h. mit weniger Fehlern und geringerem Energieaufwand – zu arbeiten. Das gelingt nur, wenn Fehler zur Einsicht führen, wenn seelische Probleme, die Energie verzehren, abgebaut und realisierbare Lösungen dafür gefunden werden. Fühle ich mich nicht von Entwertungen bedroht, sondern angenommen, kann ich mich leichter mit meiner Geschichte und den Hintergründen meiner Motivation auseinandersetzen und erkennen, dass es sinnvoll ist, nicht jedes Ansinnen um Hilfe sofort zu erfüllen.

Die „persönliche Gleichung“

In der Astronomie ist es üblich, zu messen, wann ein Stern eine bestimmte Position einnehmen wird. Mit zunehmender Messgenauigkeit der Instrumente zeigten sich je nach Beobachter charakteristische Abweichungen, die als „persönliche Gleichung“ auf Unterschiede in der Wahrnehmung und Reaktionsschnelligkeit zurückgeführt wurden.

Solche „persönliche Gleichungen“ gibt es auch im Verhalten eines jeden Menschen. Wer sie erkennt, kann besser gegensteuern. Wer z.B. weiß, dass er alles auf den letzten Drücker erledigt, kann anfangen, prinzipiell mehr Zeit einzuplanen (ich kenne eine Therapeutin, die eine Uhr trägt, die zehn Minuten vorgeht). Wer weiß, dass er zu viel trinkt, achtet darauf, dass nie mehr alkoholische Getränke in seinem Haushalt sind, als ihm gut tut. Wer weiß, dass er mit bestimmten Situationen besser umgehen kann als mit anderen, schlägt in seinem Team vor, dass er verstärkt das tun kann, was er gut beherrscht, und andere ihm etwas von dem abnehmen, womit er sich schwer tut.

Der „blinde Fleck"

Eine ähnliche Bedeutung hat der „blinde Fleck". Dieser Begriff kommt ursprünglich aus der Wahrnehmungspsychologie; gemeint ist eine Stelle in unserem Gesichtsfeld, an der wir eigentlich nichts sehen. Normalerweise nehmen wir diese Stelle nicht wahr, weil unser Bewusstsein keine leeren Flecken toleriert, sondern sie mit Wahrnehmungen aus der Umgebung auffüllt.

Wer nicht merkt, dass er ausgenützt wird, wer nicht ahnt, dass ihn jemand erotisch attraktiv findet, wer meint, völlig normal zu sprechen, in Wahrheit aber höchst aggressiv redet, der hat blinde Flecken in Bezug auf diese seelischen Qualitäten. Für ihn kann es hilfreich sein, diese blinden Flecken kennen zu lernen. Dann hat er eine Chance, Strategien zu entwickeln, die ihn bewusster mit seinen persönlichen Eigenheiten umgehen lassen.

Eine rothaarige, sommersprossige Frau wird von sich nicht erwarten, dass sie ebenso schnell und problemlos braun wird, wenn sie ein Sonnenbad nimmt, wie ihre dunkelhaarige Freundin. Aber im Bereich der Psychologie neigen viele Menschen dazu, solche Unterschiede zu verleugnen.

Verleugnete Unterschiede

Je unklarer und vielfältiger eine berufliche Aufgabe ist, desto weniger eindeutige Rückmeldungen können verarbeitet werden. Die Pflege, in der noch viele Vorstellungen existieren, dass sie „aus Liebe" geschieht und eine „genuin weibliche Kompetenz" sei, ist ein typisches Arbeitsfeld, in dem es schwer ist, eigene Begabungen zu erkennen und eigene blinde Flecken zu akzeptieren. Aber es erfordert keine besondere Anstrengung, zu erkennen, dass die seelische Belastbarkeit eines Menschen keinen geringeren Schwankungen unterworfen ist als zum Beispiel die Empfindlichkeit unterschiedlicher Hauttypen auf ultraviolettes Licht. Stellen wir uns vor, dass alle Menschen überzeugt sind, blasse Haut sei edel, gebräunte vulgär, dann wird uns auch klar, dass es von sozialen und kulturellen Umständen abhängt, ob Eigenschaften als Stärken oder Schwächen ausgelegt werden. Die Rothaarige wird in einer der Sonnenbräune feindlichen Kultur entspannter leben können als die Schwarzhaarige, der schon ein Sonnentag Bräune ins Gesicht zaubert; umgekehrt hat es die Schwarzhaarige leichter, wenn braune Haut als Ideal der Mode gilt.

Alle Vergleiche hinken, aber wenn die hier vorgebrachten verdeutlichen können, dass es sinnvoll ist, eigene Fähigkeiten und Grenzen zu erkennen und zu akzeptieren und nicht einfach nur danach zu streben, von außen vorgegebene Normen zu erfüllen, haben diese ihren Sinn erfüllt.

Das Helfersyndrom wird gefährlich, wenn es keine ausgleichenden Motive gibt

Das Helfersyndrom fehlt nicht einfach bei den „guten" Helfern und zeichnet die „schlechten" Helfer aus. Es ist eine Komponente der Berufsmotivation, die sich bei den meisten Mitarbeitern in helfenden Berufen findet. Denn kaum ein Mensch kann in seiner Kindheit Erlebnissen entgehen, nicht einfühlend behandelt, nicht wichtig genommen zu werden. Die meisten von uns haben erlebt, dass es sehr schmerzlich ist, abhängig zu sein. Viele erkannten auch irgendwann einmal, dass es sicherer ist, Abhängigen zu helfen als eigene Wünsche an die Umwelt zu richten und kränkende Absagen zu riskieren. Wer betont nicht lieber eigene Stärken als sich und anderen Bedürfnisse einzugestehen, die ihm als Schwäche ausgelegt werden könnten?

In diesem Sinn werden die meisten Pflegenden Ansätze zu einem Helfersyndrom in sich wahrnehmen können, wenn sie sich nicht dagegen wehren, diese zu erleben, weil es ihren Idealvorstellungen widerspricht. Es sollte ihnen auch klar sein, dass es sich um menschliche Merkmale, um einen Ausdruck der Vielfalt und Entwicklungsabhängigkeit unserer Beweggründe und unserer Persönlichkeit handelt. Solche Unterschiede sollten wir nicht moralisch bewerten, sondern als natürliche Erscheinungen wahrnehmen, eben wie die oben erwähnten Unterschiede in der Pigmentierung der Haut. Rothaarige sind anders als Schwarzhaarige, aber sie sind nicht wertvoller oder wertloser, nicht schlechter oder besser.

Das Helfersyndrom ist völlig harmlos, wenn es durch andere Komponenten der Berufsmotivation ausgeglichen wird. Es führt erst dann zu schwerwiegenden Nachteilen, wenn ein Ausgleich – z.B. durch spontane Hilfsbereitschaft, die Freude am sozialen Kontakt, das Interesse an anderen Menschen oder das Gefühl von Sicherheit über eine (einigermaßen) gut bezahlte und krisensichere Tätigkeit – fehlt.

3
25 Jahre Helfersyndrom

Manchmal überlege ich, wie sich Menschen fühlen, die irgendwann einen Begriff geprägt haben, der sich dann verselbständigt und allgemein benutzt wird. Diese Überlegungen sind nicht uneigennützig. Auch ich werde von einem Wort verfolgt, das ich einmal erfunden habe und das sich inzwischen auf beunruhigende Weise verselbständigt hat.

Von einem meiner berühmten Vorläufer und Kollegen, dem Begründer der Individualpsychologie und frühen Freud-Opponenten Alfred Adler, wird erzählt, dass eines Tages ein Mann in seine Praxis kam. „Ich leide an einem Minderwertigkeitskomplex, Herr Dr. Adler", soll der Hilfesuchende gesagt haben. „Wissen Sie, was das ist?" Adler wusste es nur zu gut, denn er hatte diesen Begriff formuliert, aber der Minderwertigkeitskomplex war ihm sozusagen vorausgeeilt, er hatte sich losgerissen und begegnete ihm jetzt wie einem Fremden.

Entstehungsgeschichte des Begriffs „Helfersyndrom"

Der Begriff Helfersyndrom stammt von mir. Ich habe ihn 1977 erfunden. Damals war die persönlichkeitsorientierte Fortbildung eine große Innovation in den sozialen Berufen, und ich habe viele Wochen damit verbracht, Selbsterfahrungsgruppen mit Teilnehmern aus diesen Berufen zu leiten und diese anschließend zu analysieren. Dabei schälte sich ein bestimmter Menschentypus, eine spezifische Charakterstruktur heraus, die ich erst das „soziale Syndrom" und später das Helfersyndrom nannte. Die Helfer mit Helfersyndrom sind daran gebunden, eigene kindliche Bedürfnisse und Ängste vor Abhängigkeit an ihre Schützlinge abzutreten. Dass sie ein anderer braucht, ist ihr Mittel, um sich beziehungsfähig zu fühlen. Die Grundbedingungen für diese Charakterstruktur sind früh erworbene Einstellungen, dass Schwäche nicht akzeptiert ist und die Identifizierung mit einer Idealmutter oder einem Idealvater Halt gibt.

In Gruppen aus Angehörigen helfender Berufe, ob es nun Ärzte oder Lehrer sind, ist es oft verblüffend zu beobachten, wie sehr sich Helfer davor fürchten, selbst hilfsbedürftig zu sein. Es scheint paradox, wie wenig sich etwa Therapeuten an ihre eigenen Maximen halten können, dass die offene Aussprache über konflikthaltige Themen besser ist als Rückzug und indirekte Aggression. Zu sehen ist dies auch an den vielen Ärzten, die ihren Patienten eine gesunde Lebensweise anraten, selbst aber ungesund leben.

Das Helfersyndrom als Selbstrechtfertigung

Vor kurzem hat mich die Behauptung eines bayerischen Politikers geärgert, der seit vielen Jahren die von ihm als Vorsitzender eines gemeinnützigen Vereins emsig gesammelten Spenden unterschlug und in seine eigene Firma investierte, er leide an einem Helfersyndrom. Wer derart schamlos die eigene Bedürftigkeit über die seiner Schützlinge stellt, hat mit einem Helfersyndrom nichts zu schaffen, er ist kriminell – unsozial, nicht übersozial, wie er uns gerne glauben machen möchte. Selbstbetrug mag hier zwar dem Betrug Dritter vorausgegangen sein, auf jeden Fall aber war er auch nach dem aufgedeckten Betrug noch da gemäß dem Motto: Ich bin kein Täter, ich bin nicht verantwortlich, ich bin ein Opfer meines Helfersyndroms.

Eine Woche später sah ich Heide Simonis in einem Fernsehinterview. Die Ministerpräsidentin war mir sympathisch, sie nimmt kein Blatt vor den Mund und kann sich selbst in einer Weise in Frage stellen, die männliche Politiker nur selten zustandebringen. Da sagte Frau Simonis plötzlich, sie habe ganz bestimmt ein Helfersyndrom. Ich zuckte zusammen. Eine Frau, die ihre Macht und ihren Rang derart deutlich genießt, die sich für andere einsetzt, aber darüber ihre Karriere doch keinen Augenblick aus den Augen verliert, und das Helfersyndrom?

Das sind nur zwei Beispiele aus vielen möglichen. Ich will mich nicht beklagen; wer veröffentlicht, nimmt in Kauf, dass die Öffentlichkeit ihn verwurstet.

Ist das Helfersyndrom eine Neurose?

Manche Menschen unterstellen mir, ich hätte behauptet, dass Helfer nur aus egoistischen Motiven so hilfsbereit sind und dass es sich bei menschlicher Hilfsbereitschaft um eine Art Neurose handelt. Ich weiß dann, dass es sich nicht um aufmerksame Leser, sondern um Personen handelt, die einem Autor ihre eigenen Vorurteile unterschieben wollen. Was ich mit dem Ausdruck vom „Helfersyndrom" meinte, war immer nur ein Motiv unter mehreren verschiedenen, freilich auch eines, das aufgrund seiner Verbindung mit Verdrängungen und unbewussten Abwehrmechanismen für emotionale Konflikte und psychohygienische Probleme im helfenden Beruf besonders wichtig werden kann.[3] Aber menschliche Hilfsbereitschaft ist ein viel weiteres Feld; wir beobachten sie bereits bei kleinen Kindern, die keine neurotischen Konflikte haben können, welche denen des Erwachsenen vergleichbar sind.

Sinnvolles Tun

Es ist eine wissenschaftlich unbeantwortbare Frage, ob das menschliche Leben einen Sinn hat; andererseits ist nicht zu leugnen, dass viele Menschen gerade mit dem Helfen starke Erlebnisse von Sinnhaftigkeit verbinden; in den Aussagen über den gewählten, helfenden Beruf findet sich sehr oft der Satz: „Ich will etwas Sinnvolles tun!" Die Problematik des Helfersyndroms, also des Helfens aus einer unbewussten Abwehr heraus, hängt nicht an dieser Sinnhaftigkeit, sondern daran, dass andere Erlebnisformen vermieden und die Welt zwanghaft auf das Helfen eingeengt ist, nicht selten auf Kosten der Einfühlung: Der gestörte Helfer gleicht einer überbeschützenden Mutter, die ein Kind, das längst essen kann, immer noch füttert. Wenn es sich weigert, weil es selbst den Löffel führen möchte, schickt sie das Kind sofort zum Arzt. Hilfsbereitschaft kann aber auch noch anders entgleisen, erkennbar z.B. an der Aussage „ich werde dir schon helfen". Dies ist kein freundliches Angebot, sondern eine Drohung, welche die Absicht ausdrückt, Macht auszuüben.

Verschiedene Schichten der Motivation

Die Durchdringung verschiedener Schichten von Motiven erschwert es sehr, die innere Struktur helfender Motive bei Erwachsenen zu erkennen. Abwehr und Spontaneität lassen sich nicht säuberlich trennen wie Äpfel und Birnen, sondern treten gemeinsam auf, ergänzt durch die verschiedensten Einflüsse aus der persönlichen Lebensgeschichte und der sozialen Umwelt. Der unter dem Aspekt der emotionalen Bedürfnisse von Helfern und Schützlingen wünschenswerte Idealzustand wäre es, wenn Helfer grundsätzlich dann nicht mehr arbeiten müssten, wenn ihre emotional getragene, spontane Hilfsbereitschaft versiegt ist. Aber dieser Idealzustand ist in unserer gesellschaftlichen Wirklichkeit Fiktion. In der Tradition der Krankenpflege gibt es ganz andere Ideale: die Schwester soll weich gegen die Patienten, aber hart gegen sich selbst sein. Solche Ansprüche haben ein zähes Leben, sie bestehen oft noch unbewusst fort, auch wenn sie rational längst aufgegeben wurden. Gegenwärtig häufiger ist eine Situation, in der ein Helfer seine Schützlinge nur noch aus wirtschaftlichem Zwang versorgt, sie dahinter jedoch als lästige Stö-

rung erlebt. Besonders gefährdet sind hier Helfer, die an Stellen geraten sind, an denen die gesellschaftliche Organisation der professionellen Hilfen zu wünschen übrig lässt, z.B. in der Altenpflege.

Der Einzelne und die Gesellschaft

Der Einzelne kann gesellschaftlich bedingte Missstände immer nur in einem begrenzten Ausmaß lindern. Er muss – wenn er nicht seelischen Schaden leiden will – unbedingt die Grenzen seiner Einflussmöglichkeiten erkennen, um nicht von Schuld- und Versagensgefühlen gequält zu werden, weil er nicht ausrichten kann, was nötig wäre. Hier scheint mir sehr wesentlich zu sein, dass Helfer ein kritisches Bewusstsein für gesellschaftliche Notlösungen und Flickwerke entwickeln, die aufgrund des aufopferungsvollen Einsatzes der Helfer oft nicht als solche zu erkennen sind und dann so verewigt werden.

Zum Beispiel wird angesichts des Pflegenotstands in konservativen Parteien überlegt, ein soziales Pflichtjahr für Mädchen einzuführen und diese an die von den ausgebildeten Kranken- und Altenpflegerinnen verlassenen Arbeitsplätze zu kommandieren. Ich bin überzeugt, dass eine Tätigkeit in diesen Bereichen durchaus wesentliche Entwicklungsimpulse auf junge Menschen – auf

Männer allerdings ebenso wie auf Frauen – ausüben kann. Aber als Dauerlösung und Ersatz einer ernsthaften Beachtung der Probleme von Beschäftigten in diesem Arbeitsfeld ist eine solche Lösung untragbar.

Wie werden aus begeisterten Anfängerinnen verdrossene Helferinnen?

Wer von uns erinnert sich nicht an Lehrer, Beamte, Schwestern, Ärzte oder Priester, die ihren beruflichen Auftrag nur noch aus Pflichtgefühl mit heruntergezogenen Mundwinkeln erledigen? In einer leistungsorientierten Gesellschaft wie der unsrigen neigen die meisten Menschen dazu, die Möglichkeiten der Selbstdisziplin zu überschätzen. Wer Holz hackt oder Steine schleppt, der muss seine Arbeit nicht lieben; das Holz und die Steine leiden nicht, wenn sie verdrossen und aus Pflichtgefühl traktiert werden. Aber Menschen – vor allem leidenden, unsicheren und ängstlichen Menschen sowie Kindern – schaden solche Helfer, die ihren Dienst nur noch hinter sich bringen wollen, um sich wieder ihrer Freizeit zuzuwenden, in der ihr eigentliches Leben stattfindet.

Wenn wir einen verdrossenen Helfer am Werk sehen, ist es fast unmöglich, ihm die Wahrheit zu sagen, ohne seine ohnehin bestehenden Schuldgefühle zu verstärken. Gefühle und Spontaneität lassen sich nicht kommandieren, nur anregen. Gefördert werden sie durch Kreativität, nicht durch die Wiederholung längst bekannter Ermunterungen und Regeln. Kreativität im zwischenmenschlichen Bereich ist aber etwas sehr Subjektives, Situationsbezogenes, Einzigartiges und Einmaliges.

Helfer, die sich etwas Originelles einfallen lassen, schützen sich vor Routine im negativen Sinn. Eine Schwangere hat nach einem Knöchelbruch mit einem Gipsverband am Fuß entbunden. Die Hebamme bringt das Baby. „Schauen Sie mal" – und tatsächlich, auch das Baby trägt einen winzigen weißen Verband am Fuß. Das ist ein kreativer Einfall, der nicht nur zum Schmunzeln einlädt, sondern auch allen Beteiligten hilft, ihre Freude an ihrem Beruf zu erhalten.

Der italienische Schriftsteller Pitigrilli hat einmal festgestellt: „Der Erste, der sagte ‚diese Frau ist schön wie eine Rose', war ein Genie. Der Zweite, der es sagte, war ein Idiot." Ähnlich könnte man auch sagen: Der erste Mensch, der in einer ganz spezifischen Situation sagte: „Liebe deinen Nächsten", war ein Genie. Ich würde nicht so hart sein wie Pitigrilli, und allen, die danach diese Worte zitiert und wie ein Allheilmittel auf die verschiedensten sozialen Wunden geschüttet haben, Schwachsinn zuschreiben. Aber ein wenig mehr Bewusstsein für die großen Probleme, die dann entstehen, wenn jemand existenzielle Fragen durch vorgefertigte Gebote lösen und emotionale Bedingungen auf dem Weg über Pflicht- und Schuldgefühle herstellen will, das würde ich vielen unserer Normengeber und Sonntagsredner von Herzen wünschen.

Die Idealisierung

Ich will nun einen seelischen Vorgang beschreiben, der in diesem Zusammenhang sehr wesentlich ist und dessen Kenntnis helfen kann, die gröbsten Fehler und Störungen zu vermeiden: Die Idealisierung. Idealisierungen zwingen uns, an einem starren Bild von Vollkommenheit festzuhalten und Fehler nicht für selbstverständlich, sondern für einen Makel, ein mehr oder weniger deutlich moralisierend an den Pranger gestelltes Versagen zu erleben.

Wenn ein Mensch unsicher ist und sich diese Unsicherheit nicht zugesteht, sucht er Halt. Diesen Halt bieten Idealvorstellungen, die er als Kind aufgebaut hat und die sich ursprünglich an Elterngestalten knüpften, die – anders als die wirklichen Eltern, deren Schwächen und Mängel jedem Kind irgendwann bewusst werden – vollkommen sind.

Wenn unser Selbstgefühl überfordert ist und zusammenzubrechen droht, greifen wir buchstäblich nach jedem Strohhalm, zu oft ganz sinnlosen Aktivitäten, die uns helfen, unsere Ohnmacht vor uns selbst zu verbergen. Ein harmloses Beispiel aus dem Alltag ist z.B. das Suchen eines verlorenen, kostbaren Gegenstandes, für den wir alle möglichen und unmöglichen Stellen absuchen, selbst wenn wir das verlorene Objekt an diesen Stellen gar nicht eingebüßt haben können, nur um nicht untätig sein zu müssen.

Der geheime Größenwahn

Die Idealisierung ist mit einem verheimlichten Größenwahn verknüpft, der eine wesentliche Rolle im Helfer-Unbewussten spielt, und dessen unheimliche Kehrseite die Depression ist. In der Hilfe für einen Hilfsbedürftigen steckt eine Demonstration eigener Überlegenheit, Macht und Vitalität, die geeignet ist, das eigene Selbstbewusstsein aufzuwerten und die kindlichen Vorstellungen zu stützen, dass etwas Großartiges in einem steckt, das durch ungünstige Umstände und ungenügende Beachtung sich bisher nicht hat entfalten können.

Die Helfer-Welt ist voller kleiner Götter, die insgeheim niemanden neben sich gelten lassen können. Die Kehrseite solcher Illusionen ist ein großer Druck, immer alles richtig und es allen recht zu machen, und wenn das nicht gelingt, wenigstens den Schein zu wahren.

Kein Mensch ist immer leistungsfähig. Die Leistungsfähigkeit dessen, der sie sich als konstant hohe Qualität abverlangt, ist sogar am stärksten bedroht. So gerät die von einem solchen größenwahnsinnigen und unbewussten – das heißt nicht durch Reflexion und Kritik gemilderten – Ideal getriebene Person bald an Grenzen ihrer Leistungsfähigkeit und fühlt sich zeitweise als völliger Versager.

Wenn jemand depressiv von sich sagt, er habe alles falsch gemacht, lässt sich daran noch der verborgene Größenwahn erkennen, denn es ist genauso schwierig, alles falsch zu machen, wie alles richtig. Je elender die Erniedrigung des Selbstgefühls in der Depression ist, desto ausgeprägter ist auch das Bedürfnis nach narzisstischer Aufwertung und Aufblähung. Machtrausch und Ohnmachtsangst bedingen sich gegenseitig. Sie sind die größten Gefahren für das stabile Selbstvertrauen und die Ausgeglichenheit des Helfers, der sich ständig der Tatsache bewusst bleiben sollte, dass er weder allmächtig noch ohnmächtig ist, sondern in immer wieder neuen Mischungen bald mehr das eine, bald mehr das andere.

Die Widersprüche, in die wir durch unsere Idealisierungen geraten, hängen mit den Widersprüchen zusammen, die unsere Leistungsgesellschaft beherrschen. So widerspricht der Anspruch auf optimale Pflege den Sparzwängen im Gesundheitswesen. Aber solche großen Fragen dürfen uns nicht hindern, über alltägliche Probleme nachzudenken und zu versuchen, mit ihnen besser zu leben.

Der kranke Arzt

In einer Balintgruppe habe ich einmal einen Fall erlebt, der die oben genannte Spannung illustriert. Solche Gruppen dienen dazu, dass Helfer über sich selbst und ihre Gefühlsprobleme mit Patienten nachdenken können. Dort schilderte ein junger Mediziner seine Situation, der eben die Praxis eines alteingesessenen Internisten übernommen hatte. Dieser war relativ jung an einem Herzinfarkt gestorben.

Der Nachfolger berichtete nun, er wundere sich jeden Tag, dass die 80-jährigen Patientinnen und Patienten seines Vorgängers vertrauensvoll im Wartezimmer säßen und keine Minute darüber nachdächten, weshalb der Arzt, der sie bis in dieses hohe Alter betreut hatte, so früh an einem Leiden gestorben war, dessen Vorbeugung er doch gekannt haben musste.

Wenn dieser junge Arzt erschöpft nach einem langen Arbeitstag bemerkte, wie ihm das hastig hinuntergeschlungene Mittagessen im Magen lag, überlegte er auch, dass er endlich seinen Patienten sagen müsse, wenn sie ihn weiter so beanspruchen würden, sei der Weg zu seinem Herzinfarkt nicht mehr weit.

Ideale im Konflikt

Hier widersprechen sich zwei Idealvorstellungen: die des machtvollen, selbst bedürfnislosen Helfers und die des Experten, der weiß, wie eine gesunde Lebensführung aussieht. Zur seelischen und körperlichen Gesundheit des Erwachsenen gehört ein angemessener Umgang mit den in der reifen Persönlichkeit fortbestehenden kindlichen Bedürfnissen nach Bestätigung, Ruhe, Abhängigkeit und Geborgenheit.

Wer nicht weise, sondern streng oder bösartig mit seinem inneren Kind umgeht, überfordert sich in der Regel seelisch wie körperlich. Die eben angesprochene Helfer-Problematik zeigt sich nun darin, dass es erheblich leichter scheint, diese Gesetze anderen zu vermitteln, als selbst nach ihnen zu leben.

Im einen Fall sagt der Helfer nur, welches Haus sozusagen gesünder wäre; im anderen muss er selbst umziehen und Folgen tragen, die mit seinen Geltungsansprüchen nicht vereinbar sind. Einmal ist er der Wegweiser, in der anderen Situation macht er sich selbst auf den Weg. Der Helfer findet seine Entspannungs- und Ruhebedürfnisse nicht wichtig genug, er kann die Kränkung nicht ertragen, solche „ohnmächtigen“, abhängigen, kindlichen Seiten zu haben und klammert sich unablässig, bis zur Erschöpfung, an seine berufliche Rolle.

Der seelische und körperliche Verschleiß setzt umso schneller ein, je fordernder die beruflichen Idealvorstellungen sind, je weniger Unterstützung Berufsanfänger (etwa in Form von Supervision) erhalten und je stärker fremdbestimmt ihre Tätigkeit ist. Daher wechseln Krankenschwestern häufiger den Beruf als Ärztinnen, resignieren Sozialarbeiter in Elendsvierteln mit vielen Problemfällen und wenig Erfolgserlebnissen schneller als ihre Kollegen in guten Wohngegenden mit weniger Problemfällen und mehr Erfolgserlebnissen. Altenpflege belastet stärker als die Pflege von Akutkranken.

Kadavergehorsam

Abhilfe müsste also zum einen bei den Arbeitsbedingungen ansetzen, zum anderen bei der Ausbildung und dem Übergang in das Berufsleben sowie in der psychohygienischen Begleitung der Helfer bei ihrer Arbeit. Das würde voraussetzen, dass die Mächtigen in den Helfer-Institutionen – beispielsweise die Verwaltungsleiter, die Chefärzte, die zuständigen Ministerien und die Krankenkassenmanager – eine realitätsorientiertere Beziehung zu den Problemen gewinnen, wie Angehörige helfender Berufe verantwortlich geführt werden müssen.

Hier herrscht oft noch ein „militärisches" Denken, das in allen modernen Armeen längst überwunden ist, weil es sich dort herumgesprochen hat, dass sich selbstbewusste Spezialisten nicht mehr durch rüde Kommandos und fraglose Unterwerfung („Kadavergehorsam") führen lassen. Im Gesundheitswesen fallen immer noch Entscheidungen, die allen Einsichten modernen Managements widersprechen und Führungsfehler durch noch gravierendere Fehlentscheidungen kompensieren.

Kein verantwortungsbewusster Manager würde sich heute erlauben, was der Ordinarius in einer Münchner Klinik vor einigen Jahren tat: Angesichts des unter seiner Leitung eingetretenen, akuten Personalmangels auf den geriatrischen Stationen löste er eine Station mit hoher Arbeitszufriedenheit und funktionierender Teamarbeit auf, um die dadurch frei gewordenen Pflegenden auf die unbesetzten Stellen der anderen Stationen zu verteilen.

4

Die Situation im Gesundheitswesen

Die Situation im Gesundheitswesen unterscheidet sich heute nicht grundsätzlich von der Situation in anderen Lebensbereichen, beispielsweise der Mobilität, der Ernährung und Behausung. Überall hat die Entwicklung der Industriegesellschaft zur Konsumgesellschaft dazu geführt, dass die individuelle Verfügung über ein Höchstmaß an Komfort die Lebensqualität aller beeinträchtigt, ja grundsätzlich gefährdet.

Vertraute Bequemlichkeiten

Nehmen wir den Autoverkehr: in der Tat sind die Fahrzeuge in den letzten dreißig Jahren erheblich sicherer und bequemer geworden, sie verwöhnen z.B. durch Motorstärke, Straßenlage, Klimatisierung und Servolenkung. Aber die Städte ersticken in Lärm und Asphalt, die Erdölreserven sind begrenzt. Allen Beteiligten ist klar, dass diese Entwicklung nicht einfach so weitergehen kann, aber ebenso deutlich ist auch, wie mächtig die Interessen sind, die vernünftigen Einschränkungen im Weg stehen. Die Menschen haben sich an die Bequemlichkeiten gewöhnt. Sie empfinden es als Zumutung, sich einzuschränken und einen Komfort-Rückschritt zu ertragen. Wenn das aber bereits angesichts der Entscheidung so ist, statt des Autos das Fahrrad oder öffentliche Verkehrsmittel zu benutzen, wie viel schwerer ist es dann angesichts der Verwöhnungen, welche die technisierte Medizin anbietet? Daher ist bisher auch jeder Versuch, die Kosten der pharmazeutischen und apparativen Versorgung der Gegenwart einzudämmen, entweder von Anfang an gescheitert oder Stückwerk geblieben.

Austauschorgane für jedermann

Ein Beispiel einer medizinischen Grenzsituation ist die Lebertransplantation. Sie wird in mehr als der Hälfte der Fälle deshalb notwendig, weil ein einfaches, aber unbequemes Mittel der Vorbeugung von Leberschäden unterblieben ist: der Verzicht auf übermäßigen Alkoholkonsum. An Beispielen wie diesem wird deutlich, in welche Sackgasse die technisierte Medizin gerät. Die Illusion, zerstörte Organe seien durch Austausch ähnlich zu ersetzen wie defekte Autoteile, fördert sicherlich nicht gerade die Selbstdisziplin, die gegenwärtig zur Gesundheit der Bevölkerung

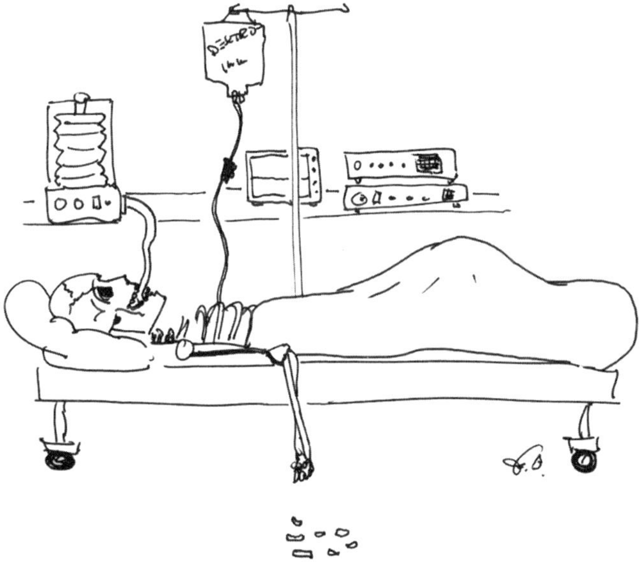

erheblich mehr beitragen würde als die Vielzahl kostspieliger Maschinen und Operationen.

Angesichts der in unserer Lebensrealität vorherrschenden Ohnmacht gegen Alter, Krankheit und Tod ist der technische Fortschritt zu einem Götzen geworden. Er dient nicht mehr nur dem Wohl der Menschen und orientiert sich nicht mehr nur an der Erhaltung seines Wohlbefindens, sondern ist inzwischen auch auf den wirtschaftlichen Erfolg der damit befassten Gesundheitsindustrie hin konzipiert. Die Medizin ist heute nach Tun, nach Aktion süchtig. Untätigkeit, Geschehenlassen oder Verzicht werden mit Ohnmacht und Hilflosigkeit identifiziert, auch da, wo sie die wesentlichen Hilfsmaßnahmen darstellen, die ein Mensch einem anderen geben kann. Wenn aber die Ärzte selbst schon nicht auf weitere Steigerungen ihrer Techniken verzichten können, wie viel schwerer fällt es ihnen dann wohl, ihre Patienten zum Verzicht auf überhöhte Ansprüche zu bewegen?

Das Match von Anwalt und Arzt

Ein aktuelles Beispiel für diese Situation stammt aus den USA. In den Vereinigten Staaten müssen Gynäkologen hohe Versicherungsprämien zahlen, um das Risiko abzudecken, dass sie für einen Schaden des Kindes durch Sauerstoffmangel während der Geburt haftbar gemacht werden. Diese Versicherung kostet umgerechnet im Schnitt 41 000 €, in Ballungsgebieten wie Chicago oder New York 123 000 € pro Jahr.

Die Höhe der Versicherungssumme korreliert genau mit der Zahl der Kaiserschnitte in diesen Städten. Je mehr der Gynäkologe einen Prozess wegen eines Kunstfehlers fürchten muss, desto häufiger vermindert er das Risiko einer normalen Geburt durch das Risiko eines Kaiserschnitts. So müssen zahlreiche Frauen, die normal entbinden könnten, eine Operation erleiden. Die operative Technik belastet die Frauen erheblich, hat aber für den Arzt zwei Vorteile: Sie lässt sich etwas besser kontrollieren als eine natürliche Geburt, und sie lässt sich erheblich höher in Rechnung stellen. Im Versuch, sich die Nachteile eines natürlichen Vorgangs zu ersparen, werden neue und schwerwiegendere Nachteile geschaffen, z.B. das erhöhte Thromboserisiko nach jeder Operation oder das erhöhte Risiko einer Uterusruptur bei weiteren Schwangerschaften. Im Hintergrund wirkt die Anspruchshaltung, dass jede Frau, die einen Gynäkologen aufsucht, Anspruch auf eine komplikationslose Entbindung hat.

Der Wunsch, verwöhnt zu werden und den eigenen Glücksanspruch ohne Risiko befriedigt zu erhalten, ist zu einer echten Gefahr für das Medizinsystem geworden. In den Großstädten der amerikanischen Ostküste machen Anwälte im Lokalradio unzufriedene Patienten auf sich aufmerksam. Sie bieten an, kostenlos einen Prozess zu führen; bei Erfolg erhält der Anwalt dann die Hälfte der Schadensersatzsumme.

Klimaverschlechterung für die Helfer

Durch die wachsende Anspruchshaltung unserer heutigen Gesellschaft brechen früher selbstverständliche Stützen des Selbstgefühls der Helfer. Diese können nicht mehr mit Vertrauen rechnen, sondern müssen sich vor den Ansprüchen der Patienten schützen. Die Kranken sind nicht mehr für jede Hilfe dankbar, sondern rebellieren, wenn ihren Verwöhnungsbedürfnissen nicht Rechnung getragen wird.

Anfänger in helfenden Berufen haben sehr oft die Illusion, dass sie in einem Klima arbeiten werden, das durch die Freundlichkeit der Helfer und die Dankbarkeit der Patienten bestimmt ist. Der Zusammenbruch dieser Illusion führt nicht selten dazu, dass auch die Berufsmotivation zusammenbricht, wenn es nicht gelingt, die Gefahren einer Entgleisung – also die Unfreundlichkeit der Helfer und die aggressive Wut der Kranken – zu verarbeiten.

Vormacht der Technik

Die Entwicklung zur Vormacht der Technik wurde von einem sozialen Emanzipationsprozess begleitet, in dem es für Frauen zunehmend weniger selbstverständlich wurde und wird, auf die Möglichkeiten beruflicher Selbstverwirklichung zu verzichten und stattdessen privat und unbezahlt für Kinder, Kranke und Alte zu sorgen.

Weil diese häuslichen Pflegefunktionen nicht mehr selbstverständlich sind, mussten und müssen weiterhin zahlreiche Stellen für ambulante und stationäre Pflege geschaffen werden. Die Pflegenden sind heute die größte Berufsgruppe überhaupt, aber an politischer Schlagkraft sind sie viel kleineren Gruppen – etwa den Ärzten – deutlich unterlegen.

Um die keineswegs überzogenen, aber in der Gesellschaft noch nicht hinlänglich bekannten und vertretenen Ansprüche der pflegenden Frauen an berufliche Selbstverwirklichung zu erfüllen, müssten Freiräume entstehen, die Geld kosten und/oder nur durch Beschneidung der Freiräume anderer Berufsgruppen hergestellt werden können. Beides ist schwer durchsetzbar. Die immens gestiegenen Kosten des Gesundheitswesens scheinen ohnehin kaum mehr finanzierbar.

Aus diesen Bedingungen erwächst der Pflegenotstand, der sich gegenwärtig sowohl als Mangel an qualifizierten Kräften als auch als absolute Personalnot darstellt.

Motivationseinbrüche

Die wichtigsten Gründe für den Zusammenbruch der Berufsmotivation Pflegender im modernen Gesundheitswesen sind:

- *Die unzureichenden Aufstiegsmöglichkeiten* im Beruf und eine damit verbundene Kränkung, die durch öffentliche Lobreden im Sinne von „aufopferndem Dienst“ heute nicht mehr so gut wie früher kompensiert werden können.

- *Das geringe Prestige,* das sich nicht zuletzt in der – verglichen mit der Anstrengung und Verantwortung – schlechten Bezahlung ausdrückt.
- *Der steigende Stellenwert der technischen Leistungen* in der Medizin, welche die Patienten „gesund macht". Die Pflege gerät daneben in die Rolle des Hintergrunddienstes, der nur dadurch gesellschaftliche Aufmerksamkeit erlangen kann, indem er nicht funktioniert. In den medizinischen Einrichtungen sind die Möglichkeiten geschwunden, dass Ärzte und Pflegende gemeinsam ihre Ohnmacht verarbeiten können oder dass dem Patienten statt technischer Leistungen menschliche Zuwendung gegeben werden kann. In der Hospizbewegung werden solche verlorenen Qualitäten zwar gegenwärtig wieder belebt, aber im Kontrast dazu gibt es in mit Millionenaufwand gebauten und unterhaltenen Kliniken oft keine Möglichkeit mehr, Sterbende würdig unterzubringen.
- *Die ständige Begegnung mit Leid.* Sie wird vor allem da zur Belastung, wo die Hoffnungslosigkeit dominiert, etwa auf Stationen mit inoperablen Krebspatienten oder auf den Pflegestationen der Altenheime. Diese Belastung kann z.B. durch schlechte Führung, Arbeitsüberlastung und ungünstiges Betriebsklima gesteigert oder umgekehrt durch gute Führung, ausreichende personelle Besetzung und gutes Betriebsklima entscheidend gemildert werden. Leider spiegelt die unzureichende Versorgung der emotional besonders unter Stress stehenden Altenpflegerinnen und -pfleger eine gesellschaftliche Vernachlässigung dieser Arbeit wider und führt zu gefährlichen Domino-Effekten. Wenn ein großer Teil der Arbeitskräfte bereits wegen Burnouts ausgeschieden ist und nicht sofort für Entlastung gesorgt wird, werden die Arbeitsbedingungen für die Pflegekräfte, die nicht gekündigt haben, noch unerträglicher, sodass noch mehr ausscheiden.
- *Das fehlende Mitspracherecht.* Pflegende haben bei der Gestaltung ihrer Arbeit weniger Entscheidungsbefugnisse als das in

anderen modernen Betrieben selbstverständlich ist. So wurden in Japan schon vor 20 Jahren in einer Autofabrik jährlich viele hundert Arbeiter mit Prämien dafür belohnt, dass sie Verbesserungen im Arbeitsablauf vorgeschlagen haben, die dann auch umgesetzt wurden. Europäische Betriebe kopieren dieses Vorgehen; im Volkswagenwerk arbeiten inzwischen über 300 kleine Arbeitsverbesserungsgruppen, die von unten her, aus der Kooperation der Betroffenen heraus, die Arbeitsabläufe optimieren.

Wenn chirurgische Operationen bei alten Menschen und künstlich lebensverlängernde Maßnahmen ohne Mitsprache der Pflegenden vorgenommen werden, trägt das zu der auffälligen Beziehungslosigkeit vieler technisch möglicher Eingriffe zu den Bedürfnissen der Patienten bei.[4] Der Arzt unterscheidet häufig nicht zwischen einer maximalen und einer gerade für diesen Patienten optimalen Versorgung. Qualifizierte, erfahrene und selbstbewusste Pflegende sind ideale Mitsprachepartner in einem Team und Ansprechpartner für Angehörige. Wo solche Teamstrukturen eingeführt sind wie beispielsweise in psychotherapeutischen Kliniken oder in der Suchtbehandlung, ist auch der Pflegenotstand in der Regel kein Problem.

Ausländische Arbeitskräfte

In vielen Kliniken und Pflegeheimen ließe sich der Betrieb nicht ohne ausländische Arbeitskräfte aufrechterhalten. Diese sind sehr unterschiedlich ausgebildet und motiviert. Ihre Einstellung durch die Klinikleitung kann dazu führen, dass Pflegende auch noch Sprachlehrer und Dolmetscher sein müssen. Zusätzliche Probleme entstehen dadurch, dass die kulturellen Prägungen der ausländischen Helfer oft viel stärker von patriarchalischen Traditionen bestimmt sind. Während es in Mitteleuropa schon lange üblich ist, dass Frauen Führungspositionen übernehmen, hat sich das in der Türkei, in arabischen Ländern und im Mittelmeerraum noch längst nicht so durchgesetzt.

Deshalb fällt es den ausländischen Pflegekräften auch oft nicht leicht, sich in ein Team zu integrieren. Sie bilden Untergruppen, erwarten direkte Anleitungen und finden die Bereitschaft zum Gehorsam eine ausreichende Voraussetzung für ihre Mitarbeit. Sie können mit den Möglichkeiten der Reflexion oder Nachqualifikation (wie Organisationsentwicklung, Supervision) oft nichts anfangen. Es bedarf besonderen Engagements der Teamleitung, um die ausländischen Kräfte einzubinden und zu qualifizieren, damit nicht alle Beteiligten belastet werden.

Führungsprobleme

Eine Pflegedirektorin fürchtet, dass eine sehr engagierte Stationsleitung in einem Altenpflegeheim kündigt, weil sie sich überfordert fühlt. In dem Pflegeteam arbeiten wenige ausgebildete Altenpflegerinnen mit ausländischen Hilfskräften aus fünf Nationen zusammen. Um die Probleme auf der Station erkennen und im Anschluss daran die Stationsleitung entlasten zu können, ordnet die Direktorin eine Teamsupervision an. Sie erklärt, dass die Teilnahme Pflicht sei, teilt auf Nachfrage aber auch mit, dass es keine Konsequenzen habe, wenn jemand nicht kommen wolle.

Hier drückt sich eine indirekte Aggression der Pflegedirektorin gegen die Supervisorin und gegen die Stationsleitung aus: Sie sollen sie zwar von ihren Führungsaufgaben entlasten, aber sie dürfen keine vergleichbare Macht erhalten, indem sie z.B. Sanktionen gegenüber ihren Mitarbeiterinnen bei Nicht-Teilnahme beschließen können. Diese Entscheidungsschwäche spiegelt sich von Anfang an in der Supervisionssituation, in der das Team nie vollzählig ist und die Gruppe sich jedes Mal neu formiert.

Hinzu kommt ein weiteres Problem: Als ein türkischer Hilfspfleger der Supervisorin erklärt, es nütze doch nichts, über Probleme im Team zu reden, widerspricht ihm die Stationsleitung nicht. Wenn alle erschöpft seien, sagt diese Hilfskraft weiter, müsse man einen guten Witz erzählen, dann würden alle lachen und es ginge wieder voran. Als die Supervisorin selbst versucht, dieser

Ansicht zu widersprechen und sich eine Verbesserung der Situation durch die Orientierung an einer professionellen Pflegetheorie verspricht, erlebt sie lautstarken Widerspruch. Die männlichen Hilfspfleger pochen darauf, dass alle das Gleiche tun. Dies würde auch klappen, gäbe es nicht einfach zu viel Arbeit. Statt zu protestieren, hören sich die Stationsleitung und die ausgebildeten Altenpflegerinnen diese Meinung an und überlassen es der Supervisorin, dagegen Position zu beziehen.

Je mehr nicht professionell orientierte, gut ausgebildete und kommunikationsfähige Mitglieder ein Team integrieren muss, desto weniger kann es den Mitgliedern helfen, sich in ihrem Beruf zu entwickeln und sich dafür zu interessieren, wie sie in ihm professionelle Ansprüche verwirklichen können.

Ich nenne diesen Prozess eine regressive Entprofessionalisierung. Er kommt in der Pflege sehr häufig vor und spielt eine wichtige Rolle im Burnout.

5

Die regressive Entprofessionalisierung

Professionell arbeiten heißt, sich an Werten zu orientieren, die der entsprechenden Berufsgruppe zugeschrieben werden und sie von Nicht-Professionellen unterscheiden. Solche Werte müssen im Austausch mit der Umwelt immer wieder neu bestimmt werden. Wer seine Professionalität nicht weiterentwickelt, verliert sie. Wer glaubt, dass eine Urkunde genügt, um für immer Professionalität zu besitzen, hat diese nie wirklich gehabt. Es ist ein folgenschwerer Irrtum, dass examinierte Fachkräfte ihren Beruf künftig exakt so ausüben, wie es ihnen in der Ausbildung vermittelt wurde.

Weihen, Eide, Kammern

Seit es Professionen gibt, gibt es auch Formen, sie zu überwachen und dafür zu garantieren, dass sie auf einem hohen Niveau arbeiten. Besondere Riten wurden erfunden, um dafür zu sorgen – etwa die Priesterweihe oder der Eid des Hippokrates, den die Ärzte bis heute, wenn sie ihn schon nicht schwören, dann wenigstens kennen sollen. In den Zünften des Mittelalters überwachten die Meister einander, ob sich alle an die ehrwürdigen Regeln ihrer Kunst hielten; in den Ärzte- oder Anwaltskammern haben diese Berufsgruppen eigene, halbstaatliche Organisationen aufgebaut.

In der Pflege werden solche professionellen Strukturen immer wieder gefordert. Das allein drückt schon aus, dass sie nicht selbstverständlich sind. Über die Ausbildung und einige Zusatzqualifikationen hinaus haben sich bisher kaum einheitliche, für alle verbindliche und vor allem von allen ernst genommene Standards entwickelt. Die am Patientenbett tätigen Pflegenden entwickeln eigene Praktiken und Überzeugungen, die oft mit dem relativ wenig zu tun haben, was an den Pflegeschulen gelehrt wird.

Es wurde schon beschrieben, wie das Helfersyndrom das Helfen selbst und damit die helfenden Berufe über einer rational fassbaren Qualifikation ansiedelt und die Pflege als professionelle Arbeit als „kalt“ oder „wenig idealistisch“ denunziert. Solche Selbstidealisierungen schützen nicht vor regressiven Entprofessionalisierungen, sondern sie bereiten ihnen den Weg.

Was ist Regression?

Unter regressiv versteht man Entwicklungen, die rückwärts verlaufen. In regressiven Zuständen verhalten sich Menschen nicht so, wie es ihrem Alter oder ihrer persönlichen Entwicklung entsprechen würde, sondern sind kindlich, kindisch, geben vernünftige Bedenken auf und verleugnen die Wirklichkeit, wenn sie ihren Vorstellungen nicht passt. Die Alltagssprache hat eine ziemlich genaue Übersetzung von Regression: Wer sich regressiv verhält, „lässt sich gehen“.

Professionalität schließt Regressionen nicht vollständig aus. Eine Krankenschwester, die mit Patienten auch einmal kindlich lachen und scherzen kann, arbeitet professioneller, da kontaktfähiger als eine Schwester, die in solchen Situationen mit humorlosen Disziplinierungen reagiert und so das Klima im Krankenzimmer vergiftet. Aber zur Professionalität gehört die Regression im Dienst der Sache. Wo die professionellen Ziele durch sie gefördert oder wenigstens nicht beeinträchtigt werden, kann die Regression zugelassen werden. Wo das nicht der Fall ist, sollte sie unterbleiben.

Warum „natürliches" Verhalten professionell sein kann: Zwei Beispiele

Eine Lehrerin für Pflegeberufe beobachtet auf einer Station, wie eine ihrer Schülerinnen, eine sehr kontaktfähige und herzliche junge Frau, während ihrer Arbeit munter mit den Patienten plaudert, welche diese Art sichtlich genießen. Eine Fachkraft tritt hinzu, die vor kurzem eine Fortbildung über Gesprächsführung absolviert hat. Sie sagt streng zu der jungen Frau, sie solle dieses Gerede lassen, ehe sie nicht eine ordentliche Ausbildung in Gesprächsführung gemacht habe.

Ein Gruppenleiter arbeitet schon lange mit Selbsterfahrungsgruppen in verschiedenen Berufsfeldern und bildet auch Leiter solcher Gruppen aus. Eine seiner Co-Leiterinnen fühlt sich unsicher. Es ist ihre erste Erfahrung mit einer Gruppenleitung. Sie reagiert auf die Angebote der Gruppe, mit ihr in Kontakt zu treten, formell und eher abwehrend.

In der Auswertungsrunde wird der Co-Leiterin gesagt, sie wirke professionell, während die Gruppe am Leiter sein „natürliches" Verhalten lobt.

Diese Beispiele zeigen, dass Professionalität in sozialen Berufen nicht die normalen sozialen Fähigkeiten ersetzt, sondern auf ihnen basiert und sie weiterentwickelt. Die in der Gesprächsführung „ausgebildete" Krankenschwester handelt keineswegs professioneller als die junge Lernschwester, die sich ihre Kontaktfähigkeit nicht vermiesen lässt. Im Gegenteil: Die ausgebildete Schwester beachtet nicht, dass Gesprächsführung viel mit Kontakt und Spontaneität zu tun hat. Es geht ihr nicht um Professionalität, sondern um Rivalität: Sie will der jungen Kollegin, die besser ankommt als sie selbst, einen Denkzettel verpassen und tut das auf dem Weg der indirekt aggressiven Entwertung.

Ebenso ist der Gruppenleiter, der „natürlich" wirkt, in seiner Professionalität sicherer als die Co-Leiterin, die sich ihrer Rolle überhaupt nicht sicher ist und sie sich daher jede Minute bewei-

sen muss. Beiden Situationen gemeinsam ist, dass die jeweils professionellere Lösung auch die ökonomischere und elegantere ist, während die sozusagen als professionell deklarierte schwerfällig und blockiert wirkt.

Eleganz und Ökonomie

Wer fähige Sportler mit Anfängern vergleicht oder ausgebildete Schauspieler mit Laiendarstellern, wird sehen, dass professionelle Arbeit eleganter und ökonomischer ist. Wer seine Leistung steigern will, erkennt fast immer, dass seine Energie begrenzt ist und er deshalb möglichst sparsam mit ihr umgehen muss. Bei Sportlern erkennt man das vor allem am Bewegungsablauf. Ein hervorragender Tennisspieler erreicht „unmögliche" Bälle, weil er alle überflüssigen Bewegungen reduziert und kaum Energie verschwendet, die nicht zu seinem Ziel beiträgt. Ähnlich ökonomisch gehen gute Schauspieler vor. Sie überzeugen durch wenige, sparsame, genau gesetzte Gesten, wo schlechte übertreiben und den Zuschauer verwirren. Ein guter Chirurg wird für dieselbe Operation weniger Blutkonserven brauchen; seine Patienten werden schneller gesund, weil er keinen überflüssigen Schnitt setzt.

Professionelle Qualitäten in der Pflege

In der Pflege sind professionelle Leistungen weniger auffällig. Aber das heißt keineswegs, dass es sie nicht gibt. Es geht hier vor allem um Ausdauer und Aufmerksamkeit dafür, welche Einzelaktionen sich abkürzen lassen, welche entbehrlich sind und welche die Pflegequalität steigern. Wer professionell pflegt, ist am

Ende eines langen Arbeitstages vielleicht müde, aber nicht erschöpft und ausgepumpt. Er hat darauf geachtet, flott zu arbeiten, aber nicht in Hektik den Überblick zu verlieren.

Er teilt sich seine Zeit so ein, dass es immer wieder Erholungspausen gibt, ohne sich halbstundenlang auf der Toilette einzuschließen oder zwischendurch einfach nicht auffindbar zu sein. Er achtet auf seine Gesundheit – schließlich möchte er morgen wieder arbeiten. Er grenzt sich gegen Versuche ab, ihm die eigene Zeiteinteilung und die Möglichkeiten zu nehmen, seine Arbeit zu strukturieren. In Krisen wirft er nicht unüberlegt alle Pläne um, sondern passt sie der geänderten Situation an.

Er tut immer, wofür er bezahlt wird, und darüber hinaus möglichst viel, was ihn interessiert, ihm in seiner professionellen Entwicklung hilft und ihm Freude macht. Daher besteht er auch darauf, dass andere sich ebenso verhalten, dass sie mindestens das tun, wofür sie bezahlt werden. Umgekehrt kann er berufsfremde Aufgaben abwehren und ruhig feststellen: „Dafür werde ich nicht bezahlt!“

Professionalität als komplexe Situation

Schwer auszurotten ist ein primitives Modell der Pflege: Sie entspringt der Liebe, sie ist uneigennützig, sie ist etwas, das manche – nämlich Frauen – aus biologischen Gründen können und andere – nämlich Männer – nicht. Professionelle Pflegemodelle hingegen sind nicht einfach, sondern komplex. Professionelles Verhalten ist aus verschiedenen Bestandteilen zusammengesetzt und muss sich gegen Vereinfachungen wehren. Eine ganz

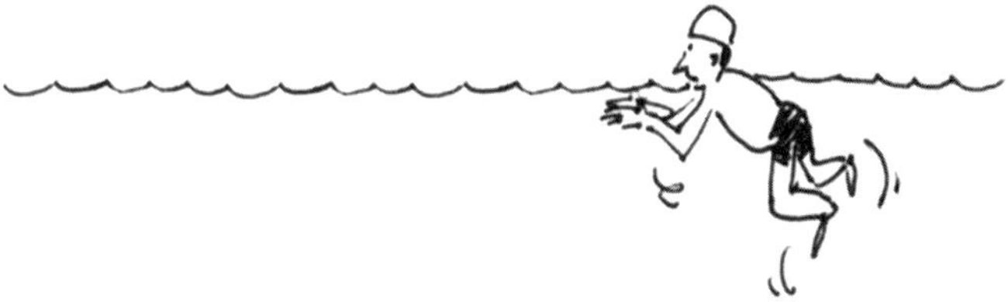

häufige Vereinfachung in der Pflege ist die Alternative zwischen Liebe/Idealismus und Ökonomie. Wer fordert, Pflegende sollten entweder aus Idealismus oder aus wirtschaftlichen Erwägungen arbeiten, hat nicht begriffen, worum es bei der Professionalität geht.

Manchmal werten Laienhelfer die Arbeit der professionellen Helfer damit ab, dass sie behaupten, diese würden „nur für Geld" arbeiten. Dem entgegnen Professionelle nach regressiver Entprofessionalisierung, dass Laien nichts ausrichten können, weil sie nichts gelernt haben.

Beide Klischees sind falsch. Zur Professionalität gehört gerade die Mischung von natürlichem und geformtem Verhalten, von Spontaneität und Disziplin, von Liebe und Arbeit, von Idealismus und Ökonomie.

Der Schauspieler Robert Mitchum hat den Grundsatz des professionellen Verhaltens einmal so formuliert: „If you want my presence, pay me. If you want my interest, interest me!"[5]

Professionalität: Ein Beispiel

Eine Supervisorin, vom Grundberuf her Krankenschwester und Lehrerin für Pflegeberufe, bekam von einer psychiatrischen Klinik den Auftrag für einen Supervisionsprozess, in der turnusmäßig immer eine der vier Stationen Supervision „haben" soll. Der Ausleseprozess war sehr langwierig. Am Ende luden die Stationen fünf Bewerberinnen und Bewerber ein. Den Ausschlag für die Wahl der oben genannten Supervisorin gab schließlich die Tatsache, dass sie „aus der Pflege" kommt und die Pflegenden in der Mehrzahl sind.

Der Oberarzt sollte nicht an der Supervision teilnehmen; er führte mit den anderen Ärzten, dem Psychologen und zwei Ergotherapeuten regelmäßig Fallbesprechungen durch, von denen die Pflegenden ausgeschlossen waren. Die Stationsärzte, der Psychologe und die Ergotherapeuten hatten also zwei Supervisionen,[6] eine mit den Pflegenden zusammen bei der externen Supervisorin, eine Zweite intern vom und mit dem Oberarzt.

Als die Supervisorin zum ersten Mal in die Klinik kam, verlangte der Oberarzt, dass sie sich bei ihm vorstellen sollte. Sie kam pünktlich. Der Oberarzt verspätete sich, entschuldigte sich nicht, stellte etwas fest wie „Aha, Sie kommen aus der Pflege" und fragte nach ihren Qualifikationsnachweisen. Das verblüffte sie, denn die Supervision war bereits fest mit der Pflegedirektorin vereinbart, welche auch ihre Qualifikation geprüft hatte.

Die Supervisorin erklärte nun auch dem Oberarzt ihren Ausbildungsweg. Nach fünf Minuten beendete er das Gespräch, das auf eine halbe Stunde terminiert war, angeblich weil es einen medizinischen Notfall gab. Im Hinausgehen sagte er zur Supervisorin: „Das sollten Sie noch wissen: die Vorgängerin der Stationsleitung hat auf Station einen Suizidversuch unternommen." Mit dieser Nachricht entließ er die Supervisorin in die erste Teamsupervision.

Dort herrschte nach der Vorstellung des Konzepts und dem Vorschlag, Probleme anzusprechen, zuerst Schweigen, das der Stationsarzt schließlich mit dem Vorschlag durchbrach, über das Thema „Die Entscheidungsfindung im Team" zu sprechen. Er habe auch eine konkrete Frage, nämlich weshalb es auf der Station nicht möglich sei, ein für alle Male die Spritzen und Röhrchen für die Blutabnahme so auf ein vorbereitetes Tablett zu legen, wie er es brauche? Er habe den Pflegenden dieses Bedürfnis schon oft erklärt und sei schließlich dazu übergegangen, die Unterlage für diese Gegenstände mit Leukoplaststreifen narrensicher zu markieren, und wolle nun endlich erfahren, weshalb selbst diese Maßnahme nicht fruchte. Immer wieder müsse er diese Arbeit, die doch Sache der Pflegenden sei, selbst vornehmen.

Als er das sagte, wurde in der Gruppe gekichert. Ohne weiter auf das Thema einzugehen, sagte der Stationspsychologe in das erneute Schweigen hinein, er glaube nicht daran, dass ohne ein Diplom in Psychologie eine qualifizierte Supervisionsarbeit möglich sei.

In dieser Gruppe von rund 30 Personen hatten sich die einzelnen Berufsgruppen mit Entprofessionalisierungen sozusagen angesteckt. Diese machten sich zunächst vor allem durch Rivalitäten und Überkompensationen bemerkbar. Letztere liegen dann vor, wenn Reaktionen nicht mehr angemessen, sondern übertrieben ausfallen. Ein Beispiel dafür ist die Rede des Antonius in dem Shakespeare-Drama „Julius Caesar", in dem er so oft sagt, „doch Brutus ist ein ehrenwerter Mann", bis am Ende jeder weiß: Brutus ist ein Verbrecher.

(Abwehrend) aufgeblähte Professionalität

Sich in seiner Professionalität wichtig zu machen und aufzublähen, sie jederzeit im Munde zu führen und zu versuchen, sich selbst durch Entwertungen von Rivalen oder anderen Berufsgruppen aufzuwerten, sind Zeichen dafür, dass die professionelle Haltung im Argen liegt. Der Oberarzt, der sich an keine Termine halten kann, aber die strengsten Maßstabe an die Qualität der Arbeit anderer richtet, der Stationsarzt, der die Schwestern entwertet, weil sie ihm nicht blind gehorchen, der Psychologe, der sich am Modell der gekränkten Allmachtsphantasie orientiert – „ich habe hier zwar nichts zu sagen, aber ich weiß alles besser!" – sie alle sind in ihrer Professionalität beeinträchtigt und können von daher auch kein Team bilden.

Jede Untergruppe arbeitet gegen die anderen:

- Die Supervisorin wird als Vertreterin der Pflege auserkoren und von den Ärzten und Psychologen als Nicht-Ärztin und Nicht-Psychologin abgewertet; sie soll ihre Zeit zur Verfügung stellen, ohne dass sie mit gleicher Verbindlichkeit belohnt wird.

- Der Stationsarzt wird nicht bei seinem Versuch respektiert, die Supervisorin als Ansprechpartnerin für Verweigerungstendenzen der Pflege einzusetzen.
- Der Oberarzt muss zu einem medizinischen Notfall und nimmt dies zum Vorwand, die Supervisorin stehen zu lassen. Die Ärzte betonen defensiv die Reste organmedizinischer Tätigkeit, die auf einer halboffenen Station für Süchtige und Suizidale noch geblieben sind.

Arbeit im Suchtbereich

Im professionellen Umgang mit süchtigen Menschen sind soziale Kompetenz und pädagogische Aktivität mindestens ebenso wichtig wie das Wissen um die Organsysteme. Ein selbstbewusster Arzt, der akzeptiert, dass er sich in diesen Bereich erst einarbeiten muss, wird früher oder später Erfolge auf einer Suchtstation haben; dem ängstlichen und unsicheren Mediziner jedoch bleibt nur die parasitäre Existenz des Organikers für Patienten, deren Organprobleme wenig mit ihrer Störung zu tun haben. Dann wird der Arzt für eine Arbeit bezahlt, die andere – vor allem die Pflegenden in der Psychiatrie – erbringen. Diese Lage der Dinge führt dazu, dass defensive Entwertungen um sich greifen – Ärzte sind nie da, wenn man sie braucht (sagen die Pflegenden), die Pflegenden sind kaum besser als die Patienten (sagen die Ärzte und finden den Fall der Schwester typisch, die auf Station einen Suizidversuch macht).

Wenn ein Team nicht geführt wird, arbeitet es nicht zusammen

Während des ersten halben Jahres nach dem oben geschilderten Beginn der supervisorischen Arbeit bestätigt sich die Spaltung zwischen den Berufsgruppen im „Team“ mehr und mehr. Sie hängt damit zusammen, dass Führungsrollen vakant und integrierende Kräfte schwach entwickelt sind. Solche Zustände führen zu einem Teufelskreis: weil das Arbeitsklima schlecht ist, wechselt das qualifizierte Personal oft rasch; es bleiben die, welche sich keine Arbeit an einem anderen Ort zutrauen.

Der Stationsarzt, der sein Spritzentablett mit Leukoplaststreifen markiert hatte, arbeitet nach wenigen Sitzungen nicht mehr auf der Station, die Nachfolgerin lässt sich kaum in der Supervision blicken und der Psychologe trägt weiterhin nichts zur Diskussion bei als ab- oder beifällige Kommentare zu den Äußerungen der Supervisorin. Diese kommt jedoch allmählich hinter das Geheimnis dieser Station: die regressive Entprofessionalisierung als Folge der Regressionen der Patienten.

Süchtige sind ein Prüfstein für die professionelle Haltung aller, die mit ihnen zu tun haben, weil sie Bedürfnisse der Helfer nach Bestätigung und Zuwendung gnadenlos ausnützen. Wer sich von ihnen manipulieren lässt, ist der Beste, der großartigste Arzt, Psychologe, Pflegende; wer sich verweigert und eine klare Linie hält, ist gemein, ist kein guter Therapeut, kein guter Arzt, ist lieblos, grausam und böse.

Daher kann nur ein Team mit starker Führung und großer Solidarität sowie stabiler professioneller Haltung verhindern, dass Patienten mit Suchttendenzen eine regressive Entprofessionalisierung einleiten. Der „liebe" Helfer ist der, welcher wegschaut, wenn er einen Süchtigen beim verbotenen Rauchen erwischt, der keine Sanktionen verhängt, wenn der Ausgang überzogen wurde, der ein Auge zudrückt, wenn er einen heimlichen Drogenkonsum erkennt.

Der „böse" Helfer hingegen orientiert sich an den professionellen Regeln und kann, wenn er und der Patient das durchstehen, am Ende echte Anerkennung ernten. Aber er muss auf die Schmeichelei verzichten.

Ein traumatisiertes Team

Unsichere professionelle Haltungen sind starr; es darf nicht über Ängste und Fehler gesprochen werden, niemand darf offen kritisiert werden (umso mehr wird dann oft getratscht). Sichere professionelle Haltungen sind fehlerfreundlich und entwicklungsorientiert; es ist klar, dass kein Mensch unfehlbar ist, jeder ständig lernen und seine Fähigkeiten überprüfen muss.

Auf der beschriebenen psychiatrischen Station für Süchtige war das kommunikationsorientierte, fehlerfreundliche Teamklima nicht zuletzt dadurch abhanden gekommen, weil die Vorgesetzten und Mitarbeiter der früheren, alkoholkranken Stationsschwester so lange die Augen verschlossen hatten, bis ihre Entgleisungen nicht mehr zu übersehen waren. Sie ging schließlich in einem psychotischen Schub unter den Augen einer entsetzten Kollegin zum Giftschrank, um ein stark wirkendes Mittel herauszuholen und zu schlucken.

Auch damals hatte es niemanden gegeben, an den sich die entsetzte junge Schwester wenden konnte, die Zeugin der suizidalen Geste war. Weder Arzt noch Psychologe waren zu erreichen. Schließlich fand sich auf einer Nachbarstation ein Arzt, der die bereits halb betäubte Schwester auf die Intensivstation brachte und ihr dadurch das Leben rettete.

Sie wurde entgiftet, eine Weile stationär behandelt und verschwand dann aus der Klinik und aus dem Blickfeld ihrer Kolleginnen, die sich erst in der Supervision eingestanden, dass sie mit diesem Drama nie fertig geworden sind und bis jetzt, anderthalb Jahre später, eine offene Aussprache mit den beteiligten Ärzten vermissten. Der Psychologe, an den sich die Zeugin des Suizidversuchs jetzt anklagend wandte, er habe sie völlig im Stich gelassen und ihre Gefühle ignoriert, antwortete trotzig, das sei nicht sein Job, von einer Psychiatrieschwester könne man erwarten, dass sie einen Suizidversuch verarbeiten könne.

Der gesunde Menschenverstand in der Psychiatrie

Die folgende Szene entstammt einer Weiterbildung zur Fachkrankenschwester in der Psychiatrie. Fünf Weiterbildungsteilnehmerinnen sollen an einer bereits bestehenden Selbsterfahrungsgruppe teilnehmen, die bisher nur aus Nicht-Pflegenden besteht. Der Leiter erhält vorab über die Weiterbildungsteilnehmerinnen die Information, dass es früher einmal Probleme mit ihrer Motivation gegeben habe.

Als es so weit ist, kommen die fünf Weiterbildungsteilnehmerinnen gemeinsam etwas zu spät, lachen und plaudern noch vor der Tür, um im Gruppenraum dann ganz stumm dazusitzen. Als die weiteren Sitzungszeiten bekannt gegeben werden, klagt die älteste der Krankenschwestern, sie habe eine zwölfjährige Tochter und dürfe nicht so spät nach Hause kommen. Die Gruppe vereinbart daraufhin neue Termine.

Beim nächsten Treffen fehlen zwei der fünf Krankenschwestern. Die drei Anwesenden vermuten, sie seien weggefahren, doch würden die Fehlenden das alles sicher beim nächsten Treffen aufklären. Es fallen Äußerungen wie: „Sie sind erwachsene Menschen und wissen selber, was sie tun!“ „Mich stört das überhaupt nicht, wir kennen uns hier doch noch gar nicht!“ „Ich verstehe nicht, dass du jetzt von Vertrauen und Verantwortung sprichst, es kann doch wirklich gute Gründe geben, hier wegzubleiben.“

Während ein Teil der Gruppe energisch darauf beharrt, dass es eine Missachtung der gemeinsamen Arbeit und eine Entwertung der Gruppe sei, unentschuldigt wegzubleiben, wiegeln die Kolleginnen der Fehlenden ab, finden es falsch, über Abwesende zu sprechen, betonen wiederholt, es handle sich um mündige, erwachsene Menschen, die genau wüssten, was sie täten, und ihr Verhalten gewiss noch erklären würden.

Beim nächsten Treffen sind die fehlenden Gruppenmitglieder da. Die ältere beginnt eine lange, von Leitungsteam und Beobachterin der Gruppe als Lügengeschichte bewertete Rechtfertigungsrede von einem kranken (zwölfjährigen) „Kind“ und einem verhinderten Babysitter; die jüngere sagt brüsk, sie sei schon die ganze Woche krank gewesen. Seit sie vierzehn geworden sei, halte sie sich für so erwachsen, dass sie selber wisse, wann sie irgendwo wegbleiben könne. Sie habe sich daher noch nie abgemeldet oder sich irgendwo entschuldigt. Sie ist bleich und hustet viel, was sie aber nicht daran hindert, mit den anderen während der Pause zu rauchen.

Worum geht es bei Selbsterfahrung?

In der Gruppe wird das Verhalten der beiden Krankenschwestern angegriffen. Sie hätten anscheinend nicht verstanden, dass es hier um eine Selbsterfahrung gehe, in der sie ihr Verhalten reflektieren könnten und sich nicht irgendeinem Druck von außen fügen müssten.

Darauf erklärt eine der drei Schwestern, die ihre fehlenden Kolleginnen bereits beim letzten Mal in Schutz genommen hat, dass niemand einsehe, weshalb sie diese Selbsterfahrung machen sollten, sie sei außerhalb des normalen Unterrichts, die Klasse vor ihnen habe nichts dergleichen machen müssen.

„Haltet ihr denn Selbsterfahrung nicht für notwendig für eure Arbeit?“ fragen die nicht aus der Pflege kommenden Gruppenmitglieder.

„Manche halten sie für notwendig. Ich finde, wir haben schon genug gehabt. Wir haben schließlich schon drei Jahre medizinische Ausbildung. Die Ärzte wissen auch nicht, ob sie die Selbsterfahrung wollen. Manche sagen, das ist toll, das müsst ihr unbedingt tun; andere sagen, ich würde da nie mehr hingehen, es war ganz schrecklich, das bringt nichts. Und auch in unserem Kurs sind die Meinungen ganz unterschiedlich. Manche sind begeistert, andere wollen nichts damit zu tun haben. Mir hat es schon etwas gebracht, ich habe interessiert zugehört, auch wenn ich keine eigenen Probleme habe, die ich einbringen könnte.“

„Ich habe mich vor allem in den Pausen sehr gut gefühlt“, sagt eine andere. „Da war es lustig, und wir haben gelacht, und ich habe neue Leute kennen gelernt, das war entspannt. Aber in den Sitzungen, dieses Schweigen, als ob wir uns nichts zu sagen hätten, und wenn dann jemand etwas sagt, wird es gleich seziert und zergliedert und soll alles Mögliche bedeuten.“

„Ich habe mich auch in der Gruppe entspannt gefühlt. Wichtige Dinge brauchen eben ihre Zeit,“ sagt eine andere. „Ich finde es traurig, dass ihr anscheinend nicht verstanden habt, dass es hier nicht darum geht, wie ihr bewertet werdet, sondern darum, wie ihr euch fühlt und was das zu bedeuten hat!“

„Ich finde nicht, dass mir Selbsterfahrung etwas bringt. Ich entscheide mich aus dem Bauch heraus, intuitiv, und nach meinem gesunden Menschenverstand. Selbsterfahrung brauche ich nicht.“ So die ältere Schwester mit dem „kranken Kind“.

„Und irrst du dich nie mit deinem gesunden Menschenverstand?“, fragt ein Gruppenteilnehmer.

„Bisher habe ich immer Recht behalten“, sagt die Schwester trotzig. Eine ihrer Kolleginnen setzt hinzu: „Wenn man den gesunden Menschenverstand nicht hat, kommt man in der Psychiatrie nicht weit.“

„Ich brauche auch keine Selbsterfahrung“, sagt die 23-jährige Bronchitiskranke. „Es war mir aber trotzdem wichtig, hier teilzu-

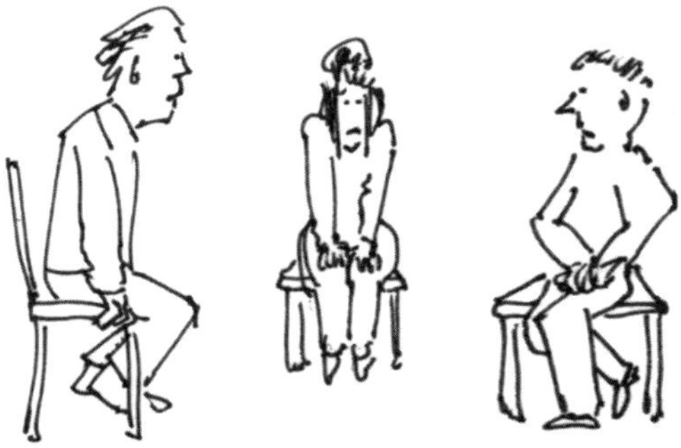

nehmen, sonst wäre ich nicht gekommen, sondern im Bett geblieben. Ich arbeite sieben Jahre in der Psychiatrie. Ich habe es bisher ohne Selbsterfahrung geschafft, und ich arbeite gern dort. Wenn ich es einmal nicht mehr gern tue, dann höre ich auf."

Zwangsprofessionalisierung?

Diese Szene lässt sich unter verschiedenen Aspekten untersuchen. Nahe liegt zunächst die Problematik der erzwungenen Selbsterfahrung. Sie ist ein Ärgernis, aber es wäre naiv, nun zu fordern, einfach auf sie zu verzichten. Freiwilligkeit und stabile Motivation zur Voraussetzung psychosozialer Interventionen zu machen, produziert eine große Gruppe von nicht freiwillig Motivierbaren. Die an einer professionellen Entwicklung interessierten Mitarbeiterinnen qualifizieren sich, die Desinteressierten können mit ihren geringeren Qualifikationen geradeso gut durchkommen?

Durch solche Haltungen würde die professionelle Arbeit entwertet und die Weiterqualifizierung zu einem beliebigen, billigen Attribut. Außerdem kann es unter den zunächst wenig Motivierten doch Personen geben, die durch eine solche Laissez-faire-Haltung der Möglichkeit beraubt werden, dass durch das Vorbild anderer und die motivierende Arbeit von Gruppenleitern doch noch eine tragende Motivation aufgebaut wird.

Die Triage in der Fortbildung

An die Stelle der einfachen Zweiteilung in „gute“, motivierte und „schlechte“, nicht motivierte Teilnehmer sollten Fortbildner eine Dreiteilung vornehmen: Teilnehmer, die von jeder Fortbildung profitieren, weil sie ebenso intelligent wie motiviert sind und alle Lernmöglichkeiten nutzen, andere, denen mit keiner Fortbildung zu helfen ist, weil sie durch Intelligenzmangel oder unüberwindbare Motivationsblockaden behindert sind, und eine dritte Gruppe, die zwar nicht spontan von einer Fortbildung profitieren kann, aber auch nicht als gänzlich unerreichbar aufgegeben werden darf.

Diese Aufbauarbeit ist zeitraubend; sie erfordert Geduld, aber auch eine gewisse Bereitschaft, sich abzugrenzen und den Vorwurf der Aggression bzw. Rücksichtslosigkeit nicht zu scheuen. Denn ökonomisch vertretbar können solche Bemühungen nur sein, wenn sie eine Grenze haben.

Die sekundär motivierbaren Lernenden müssen konfrontiert und mit ihnen Bedingungen erarbeitet werden, unter denen sie die Chance haben, dasselbe zu erreichen wie die primär Motivierten. Allen Beteiligten sollte klar sein, dass diese Bemühungen begrenzt sind und dort, wo sie erfolglos bleiben, die gewünschte Qualifikation nicht vergeben werden kann. Die pädagogische Aufgabe wird hier also durch eine Leitungsaufgabe ergänzt; Personalführung, die diesen Namen verdient, setzt schließlich voraus, besser geeignete Mitarbeiter zu fördern und schlechter geeignete durch besser geeignete zu ersetzen.

Führungsmängel

Die oben geschilderte Situation, in der künftige Fachkrankenschwestern offen legen, dass sie von einer Professionalisierung ihrer Arbeit nicht das Geringste halten, sondern allein wegen der höheren Gehaltsstufe diese Weiterbildung absitzen, lässt Mängel in der Personalführung deutlich werden. Der „gesunde Menschenverstand“ ist zwar nicht das Gegenteil einer professionellen Qualifikation, aber wenn eine examinierte Krankenschwester ihn als Hauptinstrument ihrer Arbeit ins Feld führt, unterscheidet sie sich in keinem professionellen Merkmal mehr von Nicht-Pflegenden, die dann geradeso gut wie sie ihren Arbeitsplatz erhalten könnten.

In der Krankenpflege sind solche defensiven Idealisierungen weit verbreitet; der eigene „gesunde Menschenverstand“ oder die eigene „Menschlichkeit“ werden als Vorzug gegenüber den medizinischen Spezialqualifikationen angeführt. Die Ärzte haben ihre Wissenschaft und ihre Techniken, aber ihnen fehlt es im Gegensatz zu den Pflegenden am gesund-guten Menschlichen. Solche Äußerungen sind ein Ärgernis, aber sie prägen vielfach noch das Klima in der Pflege.

Besonderheiten der Psychiatrie

Offene Stationen gibt es überall – auch in der Psychiatrie. Aber geschlossene gibt es nur dort sowie im Gefängnis oder in Spezialheimen für Jugendliche. Die beiden Weiterbildungsteilnehmerinnen, die bei der Selbsterfahrungsgruppe einfach so weggeblieben sind, gehen mit der Gruppe um wie mit einem Straflager.

Sie drücken ihre Vorbehalte nicht verbal aus, sondern „agieren“ sie. Ihr Agieren wird durch körperliche Krankheiten des Kindes bzw. der eigenen Person nachträglich legitimiert. Dadurch stellen die Schwestern eine Situation her, in der sie sich anscheinend kompetenter fühlen. Sie ersetzen die schwer durchschaubare, als martervolles „Zergliedern“ abgewehrte Arbeit einer Auseinandersetzung mit der eigenen Innenwelt durch die Pflege einer „ehrlichen“ körperlichen Krankheit.

Parallel dazu „verstehen“ sie einfach nicht, weshalb sich die nicht in die Psychiatriepflege eingeweihten Gruppenmitglieder „aufregen“, dass zwei von ihnen ohne Nachricht wegbleiben. Sie betonen dabei wiederholt, wie „erwachsen“ die Fehlenden seien;

auch diese erklären nachträglich ihren Rückzug aus der Gruppe als Zeichen, dass sie „alt genug seien, um zu wissen, was sie tun." „Erwachsenheit" und „Alter" sind sozusagen unanfechtbare Stücke der eigenen Berufsrolle, die einem niemand mehr wegnehmen kann, während „persönliche Probleme" nach dem Motto abgewehrt werden, man denke nicht daran, sie sich von der Gruppe bzw. den Leitern einreden zu lassen.

Was hilft bei regressiver Entprofessionalisierung?

Je stärker die Einflussnahme auf Menschen (im Gegensatz zur Produktion und Manipulation von Dingen) das Arbeitsfeld bestimmt, desto ausgeprägter sind die Gefahren einer regressiven Entprofessionalisierung.

Die regressive Entprofessionalisierung zeigt sich einerseits durch Strukturverluste („wir sind alle gleich und machen das Gleiche", „es gibt eben gute Menschen und schlechte", „wer den gesunden Menschenverstand nicht hat, ist für die Psychiatriearbeit verloren"). Mindestens ebenso wichtig, aber unauffälliger sind funktionswidrige Überstrukturierungen („Beschränken Sie sich auf die Pflege, die Gespräche mit den Patienten sind eine ärztliche Aufgabe"; „Das kann nur ein Facharzt beurteilen").

Begleitung tut Not

Einen Beruf zu erlernen heißt auch, eine Rolle zu erlernen. Solche Rollen sind in vielen modernen Berufen nicht mehr in allen ihren Umrissen definierbar. Neben einer Ausbildung, in der Rollenumfänge definiert und die notwendigen Strukturen verankert werden, wird in der Praxis eine kontinuierliche Begleitung notwendig, um die Gefühle des Professionellen, die weder ganz aus dem professionellen Handeln verschwinden, noch es ganz beherrschen dürfen, ebenso einzubeziehen wie zu überwachen.

Eine im Grunde ständige Differenzierungsarbeit ist notwendig, um die beiden Extreme zu vermeiden, an denen die „neuen Helfer" ihre Kompetenz verlieren: auf der einen Seite die Erschöpfung, das Ausbrennen, in dem ihre Tätigkeit zur von Kreativität, Neugier und emotionalem Engagement verlassenen Routine wird, auf der anderen Seite den Missbrauch,[7] in dem die Triebbefriedigung die professionelle Aufgabe zerstört.

Im Kraftfeld der Organisation

Je nach ihrem eigenen Professionalisierungsstadium weisen soziale Organisationen unterschiedlich ausgeprägte Verstärkungen der Tendenzen zur Professionalisierung bzw. Entprofessionalisierung auf. Häufig finden sich dialektische Prozesse: nichtprofessionalisierte Organisationen versuchen, Probleme durch Professionalisierung zu lösen; professionalisierte Organisationen, die stagnieren oder schrumpfen, greifen zu Entprofessionaliserungen, um z.B. Kürzungen der verfügbaren Gelder für qualifizierte Arbeitskräfte aufzufangen. Um eine völlige Auflösung der beruflichen Rolle zu verhindern, werden verschiedene Abwehrmechanismen eingesetzt.

Auf jeder Stufe der regressiven Entprofessionalisierung kann es zu Kompromissbildungen kommen, die ein Amalgam zwischen einer drohenden Auflösung der beruflichen Rolle und Gegenmaßnahmen bilden.

Die Einrichtung, in der eine Regression stattfindet, wirkt auf den Entprofessionalisierungsprozess wie ein Kraftfeld. Regredierte Lehrer verhalten sich wie Schüler, regredierte Erzieherinnen wie Kindergartenkinder, regredierte Drogenberater wie Junkies, regredierte Ärzte und Krankenschwestern greifen mit Vorliebe zur Krankenrolle.

Die Drogentherapeutin übernimmt das Verhalten von Junkies

Eine Diplompsychologin auf einer therapeutischen Station für junge Fixer beginnt ihre Arbeit mit den therapeutischen Werkzeugen, die sie in ihrer Selbsterfahrung als Gesprächstherapeutin kennen gelernt hat. In dem von Burnout beeinträchtigten Stationsteam wird sie zunächst „in Ruhe gelassen", d.h. nicht angeleitet; im Team fühlt sich niemand zuständig dafür, Neue einzuarbeiten, die Fluktuation ist hoch, „es lohnt sich nicht".

Umso energischer werden Fehler der neuen Teammitglieder aufgegriffen. Nachdem die Diplompsychologin im Team mehrmals kritisiert und ihr zu große Nachgiebigkeit gegenüber den Ansprüchen der Patienten auf Ausgang, freie Wochenenden und Verzicht auf Urinkontrollen vorgeworfen wird, sucht sie Hilfe bei einem Supervisor, den sie aus ihrer Therapieausbildung kennt.

Es stellt sich heraus, dass sie sich inzwischen weitgehend mit den jugendlichen Junkies identifiziert hat. Sie teilt deren Unzufriedenheit und deren Überzeugung, wenn sie bessere, tolerantere Eltern, Kollegen oder Vorgesetzte hätten, wären ihre Probleme weggezaubert. Sie geht patzig mit ihren Teamkolleginnen um, schreibt alle Probleme bei ihrer Arbeit äußeren Umständen zu und ist beleidigt, wenn die Kollegin, zu deren Ablösung sie eine Stunde zu spät kommt, „kein Verständnis hat".

„Ich habe keine Probleme mit den Bewohnern. Aber die Teamkollegen mobben mich, weil sie auf mein gutes Verhältnis zu den Fixerinnen eifersüchtig sind. Wenn ich nicht einen Tag in der Woche blau mache, halte ich es dort nicht mehr aus. Aber ich muss das durchziehen, ohne Praxiserfahrung kriege ich keine andere Stelle!"

Ein Pädagogenteam als Jugendgruppe

Die Sozialarbeiter eines Jugendcafes verlangen Supervision. Sie bräuchten jemanden, der ihnen hilft, mehr von ihren Ideen umzusetzen. Bei ihnen gäbe es viele Einfälle, auch viel Nörgelei, aber niemand sorge dafür, dass die Dinge durchgezogen würden.

Es zeigt sich, dass diese Einrichtung um ihr Überleben kämpfen muss, ohne dass das Team dies wahrgenommen hat. Sie wurde gegründet, weil die Kreisstadt Mittel hatte, einen Zuschuss bekam und die Jugendlichen an einer Straßenecke den örtlichen Kaufleuten lästig wurden. Inzwischen ist die politische Vertretung im Stadtrat geschwunden, es gibt einen neuen Bürgermeister und Stellen wurden nicht mehr verlängert.

Vom Team hat sich nur die Leiterin darüber informiert – niemand sonst hat dafür bisher Interesse gezeigt. Die Supervisorin beginnt mit ihrer Arbeit und stellt fest, dass die Sozialpädagogen des Jugendcafes nicht nur die Kleidung, sondern auch viele Einstellungen der von ihnen betreuten Jugendlichen übernommen haben. So wissen sie mit Ausnahme der Leitung nicht, woher ihre Gehälter kommen, wer der Träger der Einrichtung ist und was geschieht, wenn die Mittel gestrichen werden. Die Teammitglieder verhalten sich wie Jugendliche, die von großen Auftritten träumen, aber die Schule schwänzen und die Suche nach einer Lehrstelle zu anstrengend finden. Die Supervisorin wird gefragt, ob sie auch mit kreativen Medien arbeitet; sie hat den Eindruck, das Team sei besonders glücklich, wenn sie etwas mitbringt, beispielsweise Papier und Buntstifte, um ein Bild über die Teamsituation malen zu lassen.

Altersschwäche in der Altenpflege

Eine Lehrerin für Pflegeberufe, die mit großem Engagement versucht hat, in den Altenpflegeeinrichtungen ihrer heimatlichen Kleinstadt Supervisionen einzuführen, berichtet über ihre Resignation. Es sei immer dasselbe: Anfangs stieße sie auf großes Interesse, vor allem, wenn sie mitteile, dass sie selbst aus der Pflege komme. In der ersten Informationsveranstaltung, in der sie immer einen kleinen Vortrag mit bunten Folien hielte, kämen zur großen Freude der Heimleiter jeweils so um die dreißig Mitarbeiterinnen.

Zur zweiten Veranstaltung, wenn es darum gehe, sich auf eine bestimmte Anzahl von Terminen festzulegen, kämen dann jeweils noch etwa zehn Mitarbeiterinnen. Und wenn man sich mühsam mit denen geeinigt habe, seien bei der ersten Sitzung, in der es losgehen solle, nur noch fünf da. Und das letzte Mal hätten diese fünf kein Thema gefunden. Sie seien sich einig gewesen, dass sie keine bzw. nicht genug Kraft übrig hätten, um über die Beziehungen mit den Bewohnerinnen auch noch zu reden; mit den Kolleginnen gäbe es ohnehin keine Probleme, man habe vor lauter Arbeit gar keine Zeit dafür.

Da habe sie trotz der bereits festgelegten Termine den Bettel hingeworfen und gesagt, sie sollten erst einmal untereinander abstimmen, ob sie Probleme besprechen wollten oder nicht, sie sei „Lieferantin" von Supervision, nicht von Kraftfutter. Sie gäbe das jetzt auf und könne keinen dieser Altenpflegerinnen und -pfleger mehr sehen, die immer sagten, sie hätten keine Kraft.

Die Kraftlosigkeitsphantasie der Altenpflegerinnen hat die Supervisorin ergriffen. Sie übernimmt blind deren Anspruch, eine neue Aufgabe ließe sich nur kraftvoll, mit Schwung und Zuversicht anpacken – Qualitäten, die in der Altenpflege schnell erschöpft werden.

Entsprechend fordert nun auch die Supervisorin mehr Kraft – vor allem mehr Entschlusskraft – von ihren Supervisanden, sozusagen einen besseren Zustand der Schützlinge. Dadurch versäumt sie jedoch, die Kraftlosigkeit als zentrales Thema der supervisorischen Arbeit zu erkennen und diese Einsicht ihren Klienten zu verdeutlichen. Statt sachlich über Burnout und Lernunwilligkeit zu sprechen, regrediert sie mit den Supervisanden nun auf deren Ebene der „Kraft" und ihrer Erschöpfung.

6

Ein Rädchen im Getriebe

Wir haben oben vom Kraftfeld der Organisation gesprochen, in der wir arbeiten. Dieses Bild ist sympathischer als eines, das häufiger verwendet wird und ein wichtiges Gefühl Pflegender ausdrückt: „Ich bin hier doch nur ein Rädchen im Getriebe!"

Ein bayerisches Verslein sagt es humorvoller:

Es wackelt der Dackel
mit dem Schwanz hin und her.
Der Schwanz kann das nicht,
denn der Dackel is' ihm z'schwer!

Ohnmachtgefühle

Empfindungen, einer überlegenen Macht ausgeliefert zu sein, gehören zu den Schattenseiten der kulturellen Entwicklung. Auf der anderen Seite sind es die großen Organisationen des Rechtsstaats, die uns ein – verglichen mit früheren Gesellschaften – Höchstmaß an Sicherheit verleihen. Gerade in den Institutionen, die ohne Pflegende nicht funktionieren würden, ist nicht zu übersehen, welchen zivilisatorischen Fortschritt sie darstellen. Ein Krankenhaus als Organisation ist immer wach, kann immer reagieren, kann immer Krisensituationen bewältigen. Das muss organisiert werden. Zwar kann das fast immer noch besser und für alle Beteiligten noch konstruktiver geschehen, doch ist es trotz aller Reibereien und Konflikte im Ablauf ein kleines Wunder, ein lebensrettendes, lebenserhaltendes System, das über jeden Einzelnen hinausgreift und für das weder allein dem Chefarzt noch allein dem Pflege- oder Verwaltungsdirektor zu danken ist, sondern allen, die darin arbeiten.

In unseren heutigen, rechtsstaatlich funktionierenden Einrichtungen gibt es keine absolute Macht mehr. Führungskräfte sind den Zielen der Organisation ebenso verpflichtet und Gesetzen unterworfen wie ihre Mitarbeiter. Trotzdem machen die Mitarbeiter einer Einrichtung ihren Einfluss nur selten geltend, weil es ihnen fremd ist, Macht zu beanspruchen, und sie überzeugt sind, dass ihre Vorgesetzten besser wissen, was gut für die Organisation ist als sie. Erkennt eine Pflegeschülerin ein Problem innerhalb einer Pflegeeinrichtung, sollte sie in diesem Punkt ebenso viel Einfluss haben wie das Direktorium, weil die Macht dem gehören sollte, der die Ziele der Institution am besten vertritt. Freilich sieht die Realität oft anders aus.

Autoritäre Strukturen funktionieren schlechter

In Fortbildungen für Führungskräfte wird heute betont, dass es eine zentrale Leitungsaufgabe ist, Mitarbeiter zu motivieren, mit ihnen zu kommunizieren und ihre Anregungen zu beachten. Das ist nicht modisch, sondern logisch. Eine autoritäre Organisation entfaltet wenig Synergie. Sie ist so gut oder so schlecht wie die Führungsspitze. Heute aber arbeiten größere Organisationen (wie eine Klinik) auf einem so hohen Niveau der spezialisierten Arbeitsteilung, dass die Führung nur dann alle Kompetenzmöglichkeiten erschließt (und so die Wettbewerbsfähigkeit sichert), wenn sie die unterschiedlichen Spezialisten optimal einbindet. Das bedeutet wiederum, dass jeder Mitarbeiter, der eine gute Idee hat, diese auch äußern darf und sich dessen gewiss sein kann, dass sie geprüft und bei positivem Ergebnis umgesetzt wird. Wenn seine Vorgesetzten nicht reagieren, kann er sich beschweren: sie wollen nicht tun, wofür sie (meist gut) bezahlt werden.

Autoritäre Haltungen sind unprofessionell

Moderne Professionalität fordert also Führung; sie entzieht sich ihr nicht. Wer leitet, wird von einem professionell denkenden Mitarbeiter in Anspruch genommen. Er soll etwas für ihn tun, er soll ihn fördern, ihm zuhören, seine Verbesserungsvorschläge umsetzen helfen. Umgekehrt wird der Vorgesetzte respektiert und der Dialog mit ihm gesucht; es ist nicht wie in der Sklaverei, in der die Arbeiter sogleich ihr Werkzeug fallen lassen, wenn ihnen der Boss den Rücken zukehrt oder dem Aufseher die Peitschenschnur reißt.

Entsprechend steht die Professionalität als gemeinsame Orientierung über dem Mitarbeiter und seinen Vorgesetzten aus derselben Berufsgruppe; sie sichert Grenzen und eine gleichberechtigte Zusammenarbeit mit Angehörigen anderer Professionen.

In einer professionellen Zusammenarbeit wird die absolute Autorität durch Sachautorität ersetzt. Absolute Autorität ist diktatorisch; der Leiter weiß alles besser und muss nichts begründen. Sachautorität ist begründet; sie hat also einen Inhalt und eine Grenze. Eine Folge dieser Entwicklung ist die Trennung von

„Dienstaufsicht“ und „Fachaufsicht“ in vielen Organisationen. Die Dienstaufsicht wird von dem in der Verwaltung übergeordneten Vorgesetzten wahrgenommen; die Fachaufsicht von einem Fachkollegen, der professionelle Arbeit beurteilen kann.

In welcher Liga spiele ich eigentlich?

Helfende und pflegende Berufe, vor allem die von Frauen dominierten, interessieren sich oft sehr wenig für die Organisation, in der sie arbeiten. Sie finden juristische Fragen langweilig und setzen mehr auf gute Kontakte als auf ihre Rechte. In gut geführten Einrichtungen kommen sie mit dieser Haltung auch nicht zu Schaden.

Wer eine neue Stelle antritt, sollte in einigen Wochen wissen, wer sein unmittelbarer Vorgesetzte ist (na klar!) und wer dessen Vorgesetzte sind (wieso eigentlich?). Er sollte wissen, wie sich die Organisation finanziert, für die er tätig ist, ob sie einer bestimmten Tendenz verpflichtet ist (wer bei der Caritas arbeitet, darf mancherorts nicht mit einem noch anderweitig verheirateten Partner leben) und welche Traditionen sie prägen. Es sollte klar sein, ob es einen Betriebsrat oder einen Personalrat gibt. Bescheid darüber zu wissen, wie man in eine höhere Gehaltsgruppe kommt, kann auch nicht schaden.

Professionelle Arbeit ist ohne Interesse für ihre Rahmenbedingungen nicht vollständig. Zu ihr gehört auch, dass sich die Pflegenden Gedanken darüber machen, wer sie führt und ob sie nicht selbst eine Führungsposition anstreben wollen. Das ist ein wirksames Mittel gegen Burnout und beginnt schon im Kleinen. Wer hat sich nicht schon in endlosen, zerfransten Gesprächsrunden gelangweilt? Das beste Gegenmittel: Selbst die Gesprächsleitung übernehmen!

Wer will Manager werden?

Man sollte diese Frage umgekehrt diskutieren. Warum wünschen sich so viele Menschen keine leitende Stelle, obwohl doch in Kindergruppen jeder gern „Bestimmer" sein möchte? An sich ist der Wunsch, nach oben zu kommen, eine ebenso allgemein menschliche Neigung wie der Egoismus. Auf der anderen Seite ist die menschliche Kultur darauf angewiesen, dass es Matrosen und Kapitäne gibt. Sie muss Mechanismen ausbilden, zwischen beiden Gruppen zu unterscheiden. Diese Mechanismen sind vielfältig, aber ihr Grundprinzip sind meist anerzogene Hemmungen von Egoismus und Ehrgeiz. Das geschieht in der Kindheit, indem schon früh vermittelt wird, dass es nicht gut ist, die eigenen Größenphantasien zu sehr an die Realität heranzutragen. Das bescheidene Kind wird gelobt, das unbescheidene getadelt. Wer andere nicht durch seine Geltungsbedürfnisse unter Druck setzt und stört, erhält mehr liebevolle Aufmerksamkeit als der lästige Schreier, der möchte, dass sich alles um ihn dreht.

An diesem Beispiel kann auch erkannt werden, wie sehr sich soziale Faktoren in jenen Prozess der scheinbaren „Vererbung" von Führungseigenschaften, scheinbare einmischen, mit dem die traditionellen Kulturen erklären, weshalb es sozusagen von Natur aus Führer und Untergebene gibt. Tatsächlich hat ein Kind, das als Sohn eines Mächtigen heranwächst, viel weniger Anlass, seine ursprüngliche Grandiosität zu mildern und zu mäßigen. So wird es, wie es etwa von Alexander „dem Großen" schon als Kindheitsanekdote berichtet wird, unbescheiden bleiben und allenfalls fürchten, dass der Vater ihm nichts mehr zum Erobern übrig lässt.

Seit den Entwicklungen der Neuzeit bestimmen die Individuen nicht mehr durch Geburt, sondern durch Geschick und Leistung ihren Platz in der Gesellschaft. So ist die allseitige Rivalität als Prinzip möglich geworden. Der Mensch ist des Menschen Wolf. Gegen diesen rufen die Staatstheoretiker der Neuzeit den „Leviathan"[8] auf den Plan, der diese Neigungen zur notfalls auch gewalttätigen Expansion des Einzelnen eingrenzen muss. So wird Führung zu einer doppelten Aufgabe: wer sie beansprucht, muss einerseits sich selbst verwirklichen, andererseits seinen Platz in dem sozialen Organismus behaupten. Ohne die erste Qualität bleibt er ein Rädchen im Getriebe; ohne die zweite wird er bestenfalls ein Räuberhauptmann.

Ehrgeiz und Machtphantasie

Schrankenloser Ehrgeiz, Selbstüberschätzung und die Neigung, alle Mitmenschen, welche dem eigenen Ego nicht huldigen, für entweder töricht oder neidisch zu halten, sind keine späten Entgleisungen eines ursprünglich guten und bescheidenen Menschenkindes. Im Gegenteil, die Bescheidenheit, die Rücksichtnahme und das Verständnis für andere Positionen als die eigene sind spätere Zutaten, die auf komplizierten Anpassungs- und Einsichtsprozessen beruhen. Als tiefere Schicht bleibt unter ihnen die archaische Grandiosität erhalten. Sie kann, wenn sie unbewusst bleibt und nicht in einer bewussten Auseinandersetzung verarbeitet wird, jederzeit das vernünftige Ich übertölpeln.

Wünscht sich ein Mensch mehr Macht und Einfluss als andere, kann dieses Motiv verschiedene Wurzeln haben. Eine erste ist die ursprüngliche narzisstische Grandiosität, die unter manchen Familienumständen besser erhalten bleibt als unter anderen. Ein Kind, das Verständnis für seine Machtphantasien erlebt, das in ihnen nicht tief gekränkt, sondern behutsam auf die realen Schranken gegen ihre Verwirklichung hingewiesen wird, kann sein Selbstbewusstsein besser aufrechterhalten als ein beschämtes oder geprügeltes. Ein von an sich liebevollen, jedoch ängstlichen Eltern zur Bescheidenheit gedrilltes Kind wird Mühe haben, sich später von den Fesseln zu befreien, die seiner Expansion und seinem Selbstbewusstsein angelegt wurden.

Ungemilderte Grandiosität

Wird die Grandiosität der kindlichen Allmachtsphantasie nicht durch Einfühlung der Eltern gemildert und schonend in ein realistisches Selbstbewusstsein übergeführt, muss sie defensiv ausgebaut und übersteigert werden, um ein beschädigtes Selbstbewusstsein zu stabilisieren.

Statt mit realen Erwachsenen identifiziert sich das Kind in diesem Fall mit einem Idealbild, dem all die Schmerzen und Kränkungen erspart bleiben müssen, die es in einem unerträglichen Übermaß selbst erlebt und vor deren Wahrnehmung es sich durch Verdrängungen geschützt hat.

Während das Selbstbewusstsein an sich geschwächt und labil bleibt, wird das Geltungsbedürfnis kompensatorisch übersteigert. Der Wunsch, in jeder Situation Erfolgserlebnisse und narzisstische Bestätigung zu ernten, weckt den Eindruck von Unersättlichkeit, während die realen Erfolge des gestrigen Tages heute schon wieder jeden stabilisierenden Effekt für das Selbstbewusstsein verloren haben. Die defensive Grandiosität gleicht einem aufgeblasenen Ballon: die kleinste Verletzung der geblähten Haut führt zum Zerplatzen, zu einem völligen Kollaps, nach dem fieberhafte Anstrengungen unternommen werden müssen, den Schaden zu reparieren. Bezeichnenderweise wird die Reparatur nach dem Prinzip „mehr vom Selben" vorgenommen, d.h. in diesem Bild durch ein noch heftigeres Aufblähen eines noch dünnhäutigeren Ballons.

Spätere Einflüsse

Die Entwicklung einer Person wird ebenso in der Pubertät und Adoleszenz geprägt wie in der Kindheit. Hier werden Haltungen erworben, in denen sich aus den früheren Erfahrungen, der Rezeption äußerer Einflüsse – etwa aus Büchern, Filmen, aus dem Umgang mit Schulkameraden oder aus Begegnungen mit Freunden – etwas ganz Neues formt. Der Jugendliche kann sich beispielsweise entscheiden, „ganz anders" zu werden als sein Vater. Er kann sich dabei einen Lehrer oder den Vater eines Klassenkameraden zum Vorbild nehmen.

Hier machen sich die ersten Rückkopplungsvorgänge bemerkbar, welche Störungen des Selbstgefühls so sehr festigen und verstärken können. Wer sein Bedürfnis, ganz anders (viel besser) als die realen Eltern zu werden, übersteigert, der wird auch unter den realen Menschen seiner adoleszenten Welt niemanden finden, der ihn begeistert. Das heißt, er muss sich mehr und mehr an imaginäre Vorbilder halten, die ihrerseits seine Realitätsorientierung und mit ihr seine Chancen schwächen, in einer Auseinandersetzung mit der Wirklichkeit sein Selbstgefühl zu stabilisieren. Der so gestörte Jugendliche schwankt dann zwischen dem grandiosen Empfinden, besser zu sein als alle Menschen, die er kennt, und der depressiven Verzweiflung, dass alle anderen Lob und Freundschaft finden, während er selbst viel weniger Anerkennung erntet als die Dummköpfe und Langweiler um ihn herum.

Das Dilemma der Führung

Vielleicht ist jetzt ein erster Eindruck über das Dilemma der Führung aus psychoanalytischer Sicht entstanden: Ohne die Komponente der kindlichen Allmachts- und Größenvorstellung wird der Manager nicht aus der Sicherheit der Anpassung heraustreten. Mit ihr ist er aber auch gefährdet, den Kontakt zur Realität zu verlieren und allen Menschen, die ihm folgen, zu schaden.

Wer kein Risiko eingeht, nicht einmal auch das scheinbar Unmögliche wagt, wird nur wenig bewegen. Wer aber chronisch sich selbst überschätzt und die Widerstände der Umwelt bagatellisiert, läuft Gefahr, seine und die Ressourcen seiner Mitarbeiter zu vergeuden.

Es ist für den narzisstisch reifen Menschen nur sehr schwer zu erkennen, dass der in diesem Punkt Unreife dazu neigt, lieber sich selbst und alles, wozu er Zugriff hat, zu zerstören, als einzulenken und sich einer kränkenden Realität zu beugen. Selbst in Liebesbeziehungen, in denen wir dem Irrationalen großen Spielraum lassen, erschrickt der sozusagen normale Mensch angesichts eines Paares, das lieber den beide treffenden Ruin in Kauf nimmt, als sich vernünftig zu einigen, da dies als unzumutbare Kränkung erlebt wird. Während wir die Hoffnung nie aufgeben sollten, dass die Verhandlungsbereitschaft und Vernunft eines Beteiligten den anderen zugänglicher macht, müssen wir immer auch mit der argen Variante rechnen, dass der ursprünglich konziliant und vernünftig auftretende Partner, wenn er seine guten Absichten entwertet und missbraucht findet, sich das destruktive Verhalten eines Gegners zu Eigen macht, den er vor kurzer Zeit noch unmenschlich fand.

Schmeichelei

Wo geführt wird, wird auch geschmeichelt. Aber Schmeichler sind Gift für jeden Leiter. Der Schmeichler manipuliert den Umschmeichelten, indem er dessen Grandiosität als real anerkennt, und sucht dann, von der so erzeugten Abhängigkeit zu profitieren. Sobald aber deutlich wird, dass von dem Umschmeichelten keine Vorteile mehr zu erwarten sind, lässt ihn der Schmeichler fallen und tut so, als hätte er ihn nie auf dem Weg umschmeichelt, der jetzt als Irrweg erkannt wurde.

Auch hier lassen sich negative Rückkoppelungen aufdecken: Je unsicherer eine Führungskraft über den eingeschlagenen Weg ist, desto mehr ist sie darauf angewiesen, Selbstkritik zu verleugnen und Schwächen nicht wahrzunehmen. Sie braucht daher den Schmeichler ähnlich wie ein Suchtmittel, das kurzfristig zur Euphorie führt, langfristig aber die Lösung der anstehenden Probleme erschwert. Wenn nicht rechtzeitig eine Krise riskiert, die Umkehr gewagt, der Schmerz über den Irrweg abgetrauert wird, kann diese Euphorie nur in eine Katastrophe führen.

Wie bereits erwähnt, hängen die inneren Probleme damit zusammen, dass eine Leitungskraft sowohl stolz auf sich sein und sich gegen Widerstände behaupten, wie auch kritisch gegen sich sein und den Kampf gegen eine Übermacht rechtzeitig aufgeben muss. Das heißt, dass eine Führungsposition unmöglich wird, wenn man sich keine Fehler zugesteht, sondern einen Perfektionsanspruch an sich stellt. Die inneren Widersprüche können nur durch einen gesunden Narzissmus, d.h. ein sowohl stabiles wie für Kritik und Einschränkungen offenes Selbstbewusstsein verarbeitet werden.

Gesunder Narzissmus ist aufgabenorientiert und akzeptiert Durchschnittsleistungen als Basis für Spitzenleistung. Kranker Narzissmus ist erfolgsorientiert und lehnt durchschnittliche Leistungen ab. Typisch für eine solche Störung ist der Leiter, der seine Vorgänger und Wettbewerber entwerten muss, um die eigene Leistung in ein unrealistisch strahlendes Licht zu rücken.

Die narzisstisch gestörte Führungskraft

Beispiele für narzisstisch gestörtes Verhalten eines Vorgesetzten:

- Er bügelt Widerspruch nieder, auch wenn der Einwand berechtigt ist und die Produktivität steigern würde.
- Er entwertet Konkurrenten und redet schlecht über sie, um das eigene Selbstgefühl aufzubessern.
- Er rivalisiert mit Mitarbeitern, reißt ihnen Arbeit aus der Hand, um ihnen zu zeigen, dass er es besser kann.
- Er macht sich und anderen unrealistische Versprechungen und verleugnet Schwierigkeiten.
- Er liefert sich Schmeichlern aus, die ihm auch angesichts gravierender Fehler versichern, er sei der Größte.

Da in einer komplexen Organisation Fehler unvermeidlich sind, ist es ein wesentliches Ziel einer „neuen" Führungskultur, fehlerfreundlich zu sein und an der Bewältigung kleiner Störungen die Aufmerksamkeit und die Kompetenz für die Vermeidung gravierender Probleme zu schulen. Die einseitige Orientierung an „guten" Gefühlen, an positiven Einstellungen, an einem Klima, in dem alle Mitarbeiter immer glücklich und zufrieden sein müssen, verhindert die Wahrnehmung kleiner Irritationen und führt dann dazu, dass diese Störungen überschwellig werden und schließlich zum Zusammenbruch – z.B. zur Erkrankung oder inneren Kündigung – führen.

Führungskräfte müssen die zyklische Natur menschlicher Bedürfnisse und Leistungen kennen. Wer die eigene Lust-Unlust-Regelung zu lange und zu strikt vergewaltigt, kann am Ende, wie der typisch Ausgebrannte oder Depressive, bei der Arbeit vor Müdigkeit nichts leisten und nachts vor Stress und Angstvisionen nicht schlafen. Wer ausschließlich positiv sein muss, wird depressiv; wer auch traurig, ängstlich und bedürftig sein darf, kann unterscheiden, wann er seine Stärke braucht und wann er seine Schwäche zulassen kann.

Die dauerhaft belastbare Führungskraft begegnet anderen ebenso wie sich selbst mit Takt und Respekt. Wenn sie eine Durchhalteparole ausgibt, dann geschieht das nicht aus einem blinden Prinzip, sondern aus Einsicht in eine augenblickliche Notwendigkeit. Misserfolge werden erkannt und ernst genommen, um aus ihnen zu lernen, nicht verleugnet oder auf die Unfähigkeit anderer reduziert.

Leitungsrolle und Gesundheitskultur

Wer leitet, gewinnt mehr Gestaltungsspielraum und muss sich – ein für viele schätzenswerter Vorzug – von weniger anderen Führungskräften etwas sagen lassen. Aber er wird auch einsamer; er kann nicht mehr so unbefangen wie bisher mit Gleichgestellten sprechen, denn die früheren Kollegen sind es nicht mehr und die anderen Führungskräfte sind viel beschäftigt und bieten eine weit geringere Auswahl.

Für das Ertragen dieser Einsamkeit wird die Führungskraft bezahlt; sie kann sie nicht einfach periodisch verleugnen und ihren Mitarbeitern ihr Herz ausschütten. Dann wird sie sich entweder jene zu Gegnern machen, die nicht in den Genuss solcher Vertraulichkeiten kommen, oder es sich anschließend, wenn sie wieder Forderungen stellen und Anweisungen erteilen muss, mit den Vertrauten verderben.

Sehr häufig werden in Organisationen, die noch kein eigenes Konzept zur Personalentwicklung haben und an der Fortbildung sparen wollen, einfach tüchtige Mitarbeiter zu Führungskräften „ernannt", oft sogar in dem Team, in dem sie bisher gearbeitet haben. Das kann gut gehen, ist aber riskant. Denn die Führungskraft muss sich von der typischen Situation unter Kollegen verabschieden, in der es wichtig ist, die eigene Tüchtigkeit in der Rivalität mit anderen zu beweisen. Jetzt geht es für sie darum, die Schwächeren im Team zu fördern, und nicht den Besseren zu zeigen, dass sie immer noch die Beste ist, indem sie ihnen notfalls die Arbeit aus der Hand reißt.

Die Führungskraft muss ihre Leitungsrolle also erst einmal finden. Sie sollte auch bereit sein, sie ernst zu nehmen und eine interessante, fordernde Aufgabe darin zu sehen, sie auszufüllen. Das ist in der Pflege keineswegs eine Selbstverständlichkeit; hier wird oft noch verlegen oder aber mit übertriebenem Anspruch auf Anerkennung geleitet. Die Führungskraft in einem modernen Sinn ist nicht besser, klüger, angesehener als ihre Mitarbeiter, sie hat nur eine andere Aufgabe. Sie muss erkennen, dass sie etwas Neues, von ihrer früheren Aufgabe Verschiedenes tut, und dass sie sich dabei nicht an den früheren Kollegen festhalten kann. Und sie muss diese neue Aufgabe besetzten, sie ernst nehmen, ihr etwas abgewinnen – oder sie sollte sie lassen.

Führungskräfte, die in Krisen behaupten, sie hätten das Amt ja nie gewollt, die es nur annehmen, weil es Prestige bringt oder weil es sonst jemand erhalten hätte, den sie nicht leiden können, sind nicht nur für ihre Mitarbeiter, sondern auch für sich selbst eine Belastung. Das Helfersyndrom einer Führungskraft kann besonders gefährlich werden, wenn es sie davon abhält, sich Hilfe für ihre neue Aufgabe zu holen.

Was kann eine Führungskraft tun, um ihre Aufgabe besser auszufüllen? Sie kann Fortbildungen besuchen und durch Coaching oder Supervision den seelischen Raum gewinnen, ihre neue Rolle zu finden und sie auf ihre persönliche Situation zuzuschneiden. Wer sich bei den Verhandlungen zur Übernahme einer leitenden Position solche Unterstützungen sichert, signalisiert dem Arbeitgeber keine Schwäche, sondern Zuversicht und Ernsthaftigkeit. Es gibt viel zu lernen, packen wir's an!

Gesundheitskultur im Unternehmen

Yehudi Menuhin hat einmal gesagt, wer Kinder allein auf Leistung hin erzieht, der erzieht sie entweder zu Kranken oder Verbrechern. Ob jemand stabile Leistungen erbringen kann, hängt nicht davon ab, welche Examensnoten er sich erarbeitet, sondern davon, ob er seine Freizeit sinnvoll und befriedigend gestalten kann. Nur dann ist er davor geschützt, vom Ehrgeiz aufgefressen zu werden, sich nicht mehr selbst zurücknehmen zu können und dadurch letztlich auch nach einer kurzen Glanzphase sich selbst und/oder den ihm Anvertrauten zu schaden.

Wir akzentuieren heute die Gruppenarbeit in den Führungsetagen, weil niemand mehr alle Bereiche der modernen Technik allein überblicken und beurteilen kann. Was oft fehlt, ist eine Gesundheitskultur in den Unternehmen. Ein wesentliches Hilfsmittel hierzu sind kleine Gruppen, die sich regelmäßig treffen und besprechen, ob sie ihre Arbeit noch nach den elementarsten Prinzipien der gesunden Lebensführung gestalten können oder bereits Raubbau betreiben.

Gesprächsgruppen

Erfahrungsgemäß ist es für den Einzelnen sehr schwer, sich selbst aus einer Suchtgefährdung zu befreien oder emotional verwurzelte Einstellungen zu verändern. Leiter sind durchweg von Arbeitssucht gefährdet. In Gruppen gelingt es eher, sich von solchen Gefährdungen zu distanzieren. Solche Gruppen, die auf allen Hierarchieebenen möglich sind (also Stationsleiter mit Stationsleitern, Abteilungsleiter mit Abteilungsleitern usw.), können Führungskräften die Gesprächskultur ersetzen, die sie verloren haben, als sie ihre gegenwärtige Position übernahmen.

Eine Gruppe vertrauter Menschen, mit denen ich ständig problematische, belastende Bereiche meines Erlebens besprechen kann, ist die beste institutionelle Antwort darauf, dass sich die Probleme um Burnout, Selbstausbeutung und Arbeitssucht nicht durch energische Einzelanstrengung oder moralischen Appell lösen lassen, sondern dauernder Aufmerksamkeit bedürfen.

7

Krisen in den helfenden Berufen

Wir können zwei Bilder von der Entwicklung eines Menschen oder einer menschlichen Fähigkeit entwerfen. Das erste ist Harmonie-, das zweite krisenorientiert. Im ersten Modell entfalten sich Fähigkeiten schrittweise, wie Blätter und Blüten aus Knospen. Im zweiten bricht das Kind ins Ungewisse auf, es rennt von der Mutter weg, um die Welt zu erobern. Irgendwann stellt es voller Schrecken fest, dass es sich zu weit entfernt hat. Es spürt die Panik einer Trennung und sucht den Weg zurück zur Mutter.

Das Kind ist in eine Krise geraten, denn auch die Rückkehr zur Mutter wird ihm nicht die frühere Sicherheit zurückbringen. Im guten Fall wird es lernen, nicht zu weit wegzugehen, aber auch keine zu starken Anklammerungswünsche auszubilden. Im ungünstigen Fall misslingt die Integration der Krise; das Kind reagiert mit einem Störungsmuster etwa in der Art, dass es nie wieder die Nähe eines mütterlichen Wesens zulassen kann oder für immer in der Abhängigkeit von einem solchen verharren möchte.

Bewegung geht anfänglich oft „zu weit"

Erinnern wir uns an das Erlernen des Autofahrens. Wir gewannen eine gerade Linie indem wir die ursprüngliche Schlangenlinie immer weiter abflachten. Der „richtige" Kurs war uns nicht gegeben. Wir näherten uns ihm, indem wir die beiden Fehler – auf die Gegenfahrbahn oder in den Straßengraben zu geraten –

vermieden. Nach einigen Stunden machte uns das nur noch ausnahmsweise Probleme – etwa im Nebel oder auf rutschiger Fahrbahn.

Dieser Vergleich scheint mir das Wesen der Arbeit mit Menschen – ob in Beratung, Erziehung oder Therapie – gut zu illustrieren. Professionelle Arbeit beruht darauf, Extreme zu vermeiden, beispielsweise das Extrem der Unpersönlichkeit ebenso wie das Extrem der emotionalen oder gar sexuellen Nähe; das Extrem der Autorität, in der ein Helfer dem Schützling alle Verantwortung abnimmt, und das Extrem des Laissez faire, in dem der Helfer dem Schützling alle Verantwortung zuschiebt und schließlich noch dessen Aufmerksamkeit für seine eigenen Krisen beansprucht.

Krisen sind unvermeidlich

Nach diesem Modell der Bewegung sind Krisen in der Arbeit in einem helfenden Beruf unausweichlich. Sie treten in zwei Situationen gehäuft auf:

- Zu Beginn der professioncllen Arbeit, wenn die Steuerbewegungen noch sehr heftig sind und der angehende Helfer selbst Anleitung benötigt, um nicht aus der Bahn zu geraten.
- In der Burnout-Situation, in der die Professionalität erstarrt, sich nicht mehr entwickelt, der Betroffene desinteressiert ist und das professionelle Engagement gebremst, aber aus äußeren, z.B. wirtschaftlichen Erwägungen aufrechterhalten wird.

Beide Situationen lassen sich verknüpfen: Wir können, um unser Bild von der Bewegung eines Fahrzeugs weiterzuspinnen, uns einen Helfer vorstellen, der – weil er einige Male von der Fahrbahn abgekommen und verunglückt ist – nur noch mit angezogener Handbremse fährt. Seither passieren ihm solche Fehler zwar nicht mehr, aber er hat auch nichts aus diesen Krisen gelernt. Er hat einen selbstschädigenden, energieverzehrenden Ausweg gewählt, um zu verhindern, dass ihm noch einmal Fehler unterlaufen.

Gehen Pflegende pfleglich miteinander um?

Die naive Alltagserwartung lässt hoffen, dass Personen, die beruflich an einem Ideal des pflegenden, fürsorglichen Umgangs orientiert sind, auch in ihren anderen Beziehungen „gut pflegen". Schaut man dann aber etwas genauer hin, muss man erkennen, dass solches Verhalten doch nicht zu erwarten ist.

Wer professionell pflegen kann, wird versuchen, diese Fähigkeit in den Dienst seiner Interessen zu stellen. Er braucht dazu einen geschützten Rahmen. Wenn der Ehemann einer Krankenschwester ihre Wutausbrüche über eine außereheliche Liebschaft mit dem Hinweis abwehren möchte, sie dürfe ihn doch nicht schlechter behandeln als irgendeinen Patienten, sollte er sich nicht wundern, dass sich ihre Wut steigert. Wenn sie sich wirklich durch dieses Argument beeindrucken lässt, steckt sie in einem Dilemma, das uns noch beschäftigen soll.

Erst wenn Pflegende akzeptieren, dass sie keinen privilegierten Zugang zur Lösung ihrer eigenen Konflikte haben, gewinnen sie die Möglichkeit, nicht noch illusionärer mit ihren Rivalitäten und beruflichen Krisen umzugehen, als das Durchschnittsmenschen tun, die nicht von sich glauben, sie seien in allen Lebenslagen perfekt. Das eierlegende Wollmilchschwein, das angesichts solcher Anforderungen manchmal eine humoristische

Wende ermöglicht, hätte zwar jeder gerne als Haustier, aber wo findet er es?

Krisen früh ansprechen

Die Kontrolle über die eigene Arbeit funktioniert dann am besten, wenn es Räume gibt, in denen über Krisen schon dann gesprochen werden kann, wenn sie noch keine schwerwiegenden Folgen hatten. Verspürt eine Altenpflegerin den heftigen Impuls, eine demente Greisin, die sie beim Wechsel ihrer Inkontinenzversorgung anspuckt, zu ohrfeigen, dann kann sie ihre professionelle Haltung am ehesten in einer Institution festigen, in der dieser Impuls verstanden und in der mit ihr zusammen nach einer konstruktiven Lösung gesucht wird.

Eine Institution, die keinen solchen Freiraum anbietet, überlastet entweder die Mitarbeiter („wer Hilflose schlagen will, hat seinen Beruf verfehlt und gehört nicht zu uns!“) oder die Bewohner („ich hab' ihr neulich auch eine gescheuert, aber pass auf, dass keine blauen Flecke zurückbleiben, sonst beschweren sich die Angehörigen, die sie zu uns abgeschoben haben, weil sie selber nicht mit ihr fertig wurden“).

Die individuelle, auf die aktuelle Situation zugeschnittene professionelle Lösung von Krisen im Bereich der Sozialberufe ergibt sich in Reflexionsräumen, die vom unmittelbaren Handlungsdruck entlastet sind und erlauben, äußere und innere emotionale Realität aufeinander abzustimmen.

Alte und neue Helfer

In den reichen Industrieländern gibt es viel Geld und viele Waren, aber was knapp geworden zu sein scheint, ist das Angebot an einer als sinnvoll und befriedigend erlebten Arbeit. Der helfende Beruf bietet sie mindestens so lange, wie seine Schattenseiten ausgeblendet werden können. Daher ist er dort sehr begehrt, wo er gut bezahlt wird und selbstständiges Arbeiten ermöglicht, während er immer weniger gesucht wird, wenn die Bezahlung schlecht ist und die Arbeit in Abhängigkeit erfolgen soll.

Helfende Berufe gibt es, seit es überhaupt berufliche Rollen gibt. Eine der ersten abgrenzbaren Funktionen in den ursprünglichen, noch schriftlosen Kulturen ist der Medizinmann oder Schamane; aus ihm haben sich später Priester, Lehrer, Ärzte und Pflegende entwickelt.

In allen traditionellen Gesellschaften bis weit in die Neuzeit hinein waren diese helfenden Berufe auch normative Berufe; sie vertraten Regeln und mussten sich selbst an Regeln halten. Diese normativen Helfer wurden seit der Entwicklung der Industriegesellschaft durch neue Helfer oder Beziehungshelfer ergänzt, die nicht mehr wie z.B. Priester, Richter oder Ärzte vor allem Normen durchsetzen, sondern eine motivierende und verändernde Beziehung gestalten sollen. Typische „neue Helfer" sind Psychotherapeuten, Sozialpädagogen, Supervisoren und Coaches. Deren Fähigkeiten wurden in der Entwicklung zur Dienstleistungsgesellschaft immer wichtiger. So sind Beziehungs- und Kommunikationskompetenzen heute aus Verkaufs-, Rhetorik- und Führungstrainingsprogrammen sowie vielen anderen Bereichen der Wirtschaft nicht mehr wegzudenken.

Während ihrer Professionalisierung hat sich die Pflege an beiden Helfertypen orientiert. Streckenweise war sie sehr normativ, an Pflegeorden gebunden. Die beiden größten Träger von Hilfsdiensten, Caritas und Diakonie, tragen diese Modelle noch in ihren Namen. Die Helferinnen und Helfer mussten sich an einem vorformulierten Pflegeverständnis orientieren. In jüngerer Zeit orientieren sich viele Pflegemodelle eher an der Gestaltung einer Beziehung, an Einfühlung und Dialogbereitschaft.

Solche Einteilungen dürfen nicht überschätzt werden, etwa in dem Sinn, dass Normenorientierung und Einfühlung sich ausschließen. In weiten Bereichen wird auch eine strikt normativ orientiere Ordensschwester sich einfühlend ihren Patienten zuwenden. Krisen machen sich aber bemerkbar, wenn es z.B. um die Sexualität Schutzbefohlener geht. Hier legt eine sexualverneinende Haltung der Pflegenden die Einstellung nahe, dass Alte oder Behinderte keine Sexualität haben sollten. Eine dialogorientierte Haltung der Pflegenden wird ein Gespräch über solche Bedürfnisse zulassen und eher nach pragmatischen Lösungen suchen: wie lässt sich möglichst viel Befriedigung erreichen, ohne dass jemand zu Schaden kommt?

Vielfältige Orientierungen

Typisch für die moderne Gesellschaft ist nun, dass alte Orientierungen nicht durch neue ersetzt, sondern durch sie ergänzt und zum Teil auch verwirrt werden. Es ist nicht so, dass im Jahr 1900 alle Pflegenden in einem katholischen Krankenhaus Ordensschwestern und einem Modell der tätigen Nächstenliebe verpflichtet waren, während sich im Jahr 2000 alle an einem Modell weltlicher Professionalität orientieren. Kennzeichnend für das Jahr 2000 ist eher, dass es neben den nach wie vor am Caritas-Modell Orientierten, dic heute eine Minderheit sind, viele andere Orientierungen gibt, die sich zum Teil widersprechen. Je nach Ausbildung und beruflicher Entwicklung sind diese Orientierungen differenziert und ausgearbeitet oder naiv. Sie lehnen sich an die verschiedenen weltanschaulichen, kulturellen, medizinischen oder psychologischen Modelle an.

Pflegemodelle, die sich gegenwärtig entwickeln, berücksichtigen den Beziehungsaspekt stärker. Es gibt inzwischen viele Forschungsdaten, die nahe legen, die tragfähige und positive Gefühlsbeziehung zwischen Helfer und Hilfsbedürftigem als wesentliches, oft ausschlaggebendes Moment des Heilerfolges anzusehen. Der Psychoanalytiker Michael Balint sprach von der „Droge Arzt“ und meinte damit, dass die Persönlichkeit des Arztes oft wirksamer ist als die von ihm verschriebenen Medikamente. Für die Pflege gilt das ebenso; das „Heilmittel Pflegeperson“ entfaltet wahrscheinlich mehr heilsame, aber auch giftige Wirkungen, als es sich viele träumen lassen, die im Gesundheitswesen arbeiten.

Das bedeutet auch, dass die berufliche Laufbahn eines Pflegenden in einer anderen Weise zu beurteilen ist und andere Krisen haben wird, als die eines Kaufmannes oder Mechanikers. Der Automechaniker wird sich mit gleicher Nüchternheit den von ihm zu reparierenden Motoren zuwenden, ob er nun verliebt ist oder in Scheidung lebt. Ich will damit nicht sagen, dass ihn diese Erlebnisse nicht berühren, aber sie sind in einem anderen Bereich seines Erlebens angesiedelt als sein Beruf. Der Pflegende wird zwangsläufig von solchen aufwühlenden Erlebnissen in seiner beruflichen Kompetenz nachhaltiger beeinflusst, da er in seiner Arbeit ebenso zu ihnen hin wie von ihnen abgelenkt wird, während die Arbeitsbereiche in den kaufmännischen und technischen Berufen nur Ablenkungen bieten.

Wir begegnen Problemen, die wir selber haben

Der trauernde oder verliebte Pflegende begegnet trauernden oder verliebten Patienten. Was ihn berührt und aufwühlt, kann durch Resonanz verstärkt werden; die Angst vor solchen Verstärkungen kann seine Schwingungsfähigkeit blockieren. Ein Automechaniker wird keinen Gedanken daran verschwenden, ob er für die Reparatur des Modells, das er selbst fährt, ebenso gut qualifiziert ist wie für ein fremdes Modell. Eine Pflegende, die selbst Übergewicht hat, wird sich hingegen vielleicht fragen, ob sie die Richtige für eine Patientin ist, die an Adipositas, also einem krankhaften Übergewicht, leidet.

Wachstumsschmerzen der Professionalität

Ich will im Folgenden zunächst einige allgemeine Entwicklungslinien der professionellen Kompetenz von Pflegenden aufzeigen und dann, anhand einer Untersuchung typischer Interaktionsformen von Beruf und Privatleben bei Beziehungshelfern, spezifischere Risiken und Chancen ansprechen.

Den Beginn seiner beruflichen Entwicklung beherrscht bei einem Pflegenden die Auseinandersetzung mit den während der Ausbildung erworbenen Idealvorstellungen. Diese führen dazu, dass er viel nachdenkt. Er versucht, immer dann, wenn er sich dem Patienten gegenüber verhält, zu überlegen, ob dieses Verhalten nun seiner beruflichen Aufgabe entspricht oder nur persönlich, privat und daher der Situation vielleicht nicht angemessen ist. Vor allem plagt ihn die Furcht, nicht genügend ernst genommen zu werden. Ein Helfer benötigt umso mehr Respekt und Beachtung von Seiten seiner Patienten, je unsicherer er sich fühlt.

Das heißt, dass sich gerade Anfänger leicht angegriffen fühlen und die Bestrebungen ihrer Patienten unterschätzen, mit ihnen zusammenzuarbeiten. Daher ist ein Anfänger auch sehr empfänglich für pseudomotivierte Patienten. Beispiele dafür finden sich oft unter Drogensüchtigen. Sie wollen unbedingt sofort eine intensive Beziehung aufnehmen und erzählen faszinierende Schauergeschichten über andere Pflegende, deren krasse Fehler dem Anfänger Mut machen. Sie werden ihm sicher nicht zustoßen. Da hat sich doch jemand tatsächlich nicht an die einfachsten und klarsten Prinzipien gehalten, er wird es besser machen und auf diese Art beweisen, dass er auf einem guten Weg ist, ja sogar andere, die länger arbeiten als er, bereits überholt hat.

Die Verführung zu solchen Aktionen ist heute größer denn je. Es gibt eine wachsende Gruppe von Personen, die an eine Behandlung den Anspruch stellen, sie hätte ihre übermäßigen Ansprüche an das Leben, ihre unrealistischen Verwöhnungswünsche und passiven Bedürfnisse nach idealen Eltern zu erfüllen.

Ein Patient berichtet über eine belastende Kindheit und nötigt den Pflegenden, ihn dafür zu entschädigen. Je weniger sich dieser über die Grenzen seiner Möglichkeiten klar ist, je mehr er gerade aus seiner Unsicherheit heraus sich selbst und seinem Gegenüber Hoffnungen einredet, desto verführbarer ist er auch für die kurze, gemeinsame Illusion, man könnte in passivem Anspruch an die Welt für das Wiedergutmachung erfahren, was einem tatsächlich oder vermeintlich als Kind mangelte.

Reifungsarbeit im Beruf

Zur seelischen Stabilität gehört es, die eigenen Möglichkeiten immer klarer einzuschätzen. Wir entwickeln uns umso besser, je realistischer wir unsere Fähigkeiten und die Angebote der Umwelt beurteilen können. Nach unserem Modell des Lernens von kontrollierten Bewegungen müssen wir, um einen mittleren Kurs zwischen Größenwahn und Verzagtheit zu finden, Schwankungen in beiden Richtungen tolerieren.

Wer Heranwachsende kennt, wird keinen Mangel an Szenen haben, in denen deutlich wird, wie schwierig das ist. Ich erinnere mich an eine 15-Jährige: Sie werde Verlagslektorin werden, aber sie denke ganz und gar nicht daran, in diesem Beruf ihre kostbare Zeit damit zu vergeuden, die Texte irgendwelcher Idioten zu lesen, die keine Begabung zum Schreiben hätten.

Wer sich in der Arbeitswelt zurechtfinden will, weiß bald, dass für jede angenehme Aufgabe einige unangenehme Aufgaben anfallen. Vielleicht begegnet er auch in sich selbst der menschlichen Ur-Neigung, diese Unannehmlichkeiten zunächst nicht wahrhaben zu wollen, so wie ja ganze Industriegesellschaften der Illusion huldigen, sie könnten den Komfort von Chemie und Automobilverkehr haben und gleichzeitig saubere Flüsse und stille Städte behalten.

Die ganze Realität des Berufs

Erfolg im Beruf setzt voraus, dass die ganze Wirklichkeit des Berufs akzeptiert und ausgefüllt wird, was auch bedeutet, dass viele Träume beschnitten und die Leerstellen mit Trivialem ausgefüllt werden müssen, dem man in der ursprünglichen Berufswahl vielleicht gerade entgehen wollte.

In unserem Gefühlsleben ist eine ähnliche Reifungsarbeit und Anspruchsschrumpfung unerlässlich. Wir sind nicht unsterblich, und unsere Fähigkeit, neue und attraktivere Freunde oder Freundinnen zu gewinnen, die an die Stelle der Menschen treten, die uns enttäuschen haben (so wie vielleicht zuvor unsere Eltern), ist begrenzt. Ähnliches gilt für unsere Fähigkeit, unsere Männer- oder Frauenrolle auszufüllen, oder – falls es so weit kommt, und wir uns entscheiden, eine Elternschaft zu riskieren – für die Art und Weise, in der wir unsere Kinder erziehen.

Wer hier ein hohes und aus einer Opposition gegen Erfahrungen mit den eigenen Eltern gewonnenes Ideal hat, der wird in der Auseinandersetzung mit einem Lebenspartner oder eigenen Kindern erleben, dass auch er unvollkommener ist, als er es bisher glaubte, und dass sein Verhalten weit stärker von den verachteten realen Eltern geprägt wurde, als er es wahrhaben wollte.

Das macht bescheidener, söhnt vielleicht ein wenig mit der eigenen Vergangenheit aus, und es wäre ein großes Wunder, wenn solche Entwicklungen in der Persönlichkeit des Pflegenden nicht auch viele Folgen für seine Arbeit hätten.

Mensch und Übermensch

Wenn sich ein Beziehungshelfer scheiden lässt, wenn er den Tod seiner Eltern oder anderer nahe stehender Menschen erlebt, dann wird er mit verwandten Themen in seiner Arbeit künftig anders umgehen, als sein Kollege, den bisher diese schmerzlichen Seiten des menschlichen Lebens nicht berührt haben. Ähnliches gilt für eigene Erfahrungen mit neurotischen Problemen, mit psychosomatischen Symptomen oder für ein belastetes Kindheitsschicksal wie beispielweise eigene Erfahrungen von Elternlosigkeit, sexuellem Missbrauch oder schwerer körperlicher Erkrankung.

Es gibt ein naives, von den oben angesprochenen Idealerwartungen geprägtes Bild des Pflegenden, das eine Art untadeligen

Übermenschen erwarten lässt, der keine Depressionen und Ängste hat, nie über den Durst trinkt und eine mustergültige Ehe führt. Dieses Bild ist illusionär. Wer professionell andere versorgt, ist damit keineswegs selbst untadelig, und er ist auch nicht selbst gut versorgt. Nur wer menschliche Grenzen verkennt, wie es Kinder tun, kann sagen, wie ich es jüngst von einer Neunjährigen hörte: „Sie ist doch Ärztin, wieso kann sie dann krank sein?"

Gruppe als Coach

Heute nennt man sie vielleicht Qualitätszirkel; früher hießen sie Intervisionsgruppen, noch früher Kaffeekränzchen oder Stammtisch. Gemeint sind Gruppen aus Angehörigen gleicher oder verwandter Professionen, die sich zum Ziel setzen, sich gegenseitig in den Unsicherheiten zu helfen, wie sie durch die Arbeit mit Menschen immer entstehen. Sie wurden bereits in dem Abschnitt über die Gesundheitskultur auf den Führungsetagen erwähnt.

Überall dort, wo wir nicht mit Sachen umgehen, sondern mit Personen, verstricken wir uns auch. Professionalität ist aber nur möglich, wenn das Verhalten rational gesteuert bleibt, wenn Fehler erkannt und durch Nachdenken verarbeitet werden können, um sie nicht zu wiederholen. Das ist übrigens etwas ganz anderes als kalt oder „nur rational" zu arbeiten.

Eine beziehungsorientierte Professionalität ist durch eigene Emotionen und Wechselwirkungen mit den Gefühlen der uns Anvertrauten immer gefährdet. Das ist kein Fehler, im Gegenteil: eine nie gefährdete Professionalität würde auf das Funktionieren einer Maschine hinauslaufen. Pflegeroboter mögen in manchen Bereichen eine sinnvolle Utopie sein, aber ihnen die ganze Pflege (beispielsweise die von Kindern) zu überlassen, liefe doch eher auf einen Albtraum hinaus.

Ich selbst nehme seit vielen Jahren an einer solchen Gruppe teil und habe dort meist dann Hilfe gesucht und gefunden, wenn ich den Eindruck hatte, emotional von einer Therapiesituation oder privaten Krise überfordert zu sein. Wann das der Fall ist, kann ein Helfer zumindest dem Prinzip nach relativ einfach beurteilen: Immer dann, wenn er nicht mehr in der Lage ist, seinen Patienten mit der geforderten „neutralen Aufmerksamkeit“ zu begegnen.

Wir sind in dieser Gruppe zu fünft und treffen uns in der Regel jede Woche für anderthalb Stunden. Es ist ein echter Arbeitstermin ohne Essen und Trinken, von Ausnahmen bei Geburtstagen abgesehen. Wir haben kein festes Thema, sondern sprechen über allgemeine Fragen – meist über besondere Schwierigkeiten in einer Behandlung – und gelegentlich auch über Probleme, die uns persönlich betreffen und mit unserer Arbeit nur insofern etwas zu tun haben, als ein Beziehungshelfer, der von einem Gefühl sehr eingenommen ist, größere Probleme bei seiner Arbeit bekommt als ein Kaufmann oder Gärtner.

Ich finde eine solche Gruppe nicht nur für mich persönlich hilfreich, sondern vermute auch, dass sie ganz allgemein ein sehr wichtiges Mittel ist, den Burnout zu bekämpfen. Die Forschung belegt, dass die aus den Arbeitsbedingungen stammende Unmöglichkeit, eigene Krisen zu reflektieren, eine ganz wesentliche Ursache für das „Ausbrennen“ ist.

„Anstrengende“ Patienten

Der Helfer-Narzissmus drängt in die Richtung der unangreifbaren Größenphantasie. Erst wenn wir uns von ihm distanzieren und ihn zähmen können, werden wir für Entwicklungen offen und halten uns nicht in heimlicher Überheblichkeit für vollkommen. Da der Helfer in seinem Beruf meist derjenige ist, der Stärke zeigen und Haltung bewahren muss, der Schwäche und Abhängigkeit an sein Gegenüber delegieren kann und selbst verbergen darf, braucht er andere Helfer, mit denen er offen über das sprechen kann, was er in seiner Arbeit nicht ausdrücken soll.

Analytiker nennen diese irrationalen Aspekte der eigenen Haltung die „Gegenübertragung“ und meinen damit die in kindlichen Gefühlen und unbewusst gewordenen Einstellungen wurzelnden Reaktionsweisen, die beispielsweise dafür verantwortlich sind, dass eine Pflegende manche Patienten als außerordentlich anstrengend und frustrierend erlebt, während ihr andere so gut tun, dass sie geradezu Schuldgefühle entwickelt, sich für die Arbeit bezahlen zu lassen.

Die Ausbildung soll eine lebenslange Entwicklung anstoßen

Die Gruppe von gesprächsbereiten Kollegen ist Notventil und Entwicklungsanstoß zugleich. Sie verhindert, dass der Helfer betriebsblind wird, sich überschätzt oder in Krisen sein Versagen so überbetont, dass seine Arbeit darunter leidet. Die Ausbildung sollte dafür sorgen, dass die Pflegenden sich für eine solche lebenslange Weiterentwicklung im Kreis ihrer Kollegen interessieren und sich dafür einsetzen, dass ihre Arbeit qualifiziert bleibt.

Das heißt, dass die Ausbildung sich umso günstiger auf die professionelle Entwicklung auswirkt, je mehr sie die Eigenverantwortung fördert und den Schülern das Gefühl vermittelt, dass sie selbst für ihre weitere berufliche Entwicklung sorgen können und sollen. Um dafür Anstöße zu gewinnen, darf sie Schwächen und Grenzen nicht verleugnen. Diese sollen vielmehr zum Anlass genommen werden, die eigene berufliche Kompetenz zu erweitern.

Dazu ist, man kann es vielleicht nicht genug betonen, ein Ort notwendig, an dem gemeinsam mit anderen gerade über Fehler, Unzulänglichkeiten, Schwächen und Grenzen gesprochen werden kann, denn viel gefährlicher als die reale Einschränkung unserer Fähigkeiten ist in diesem Beruf die Verleugnung dieser Schranken. Andererseits ist die Versuchung groß, gerade in der Ausbildung mit perfektionistischen Bildern eines untadeligen Pflegenden zu arbeiten und auf diese Weise Anfänger anzuhalten, ihre Unsicherheit zu unterdrücken und künftigen Verleugnungen all dessen, was seinem eigenen Ideal der vollkommenen Pflegenden widerspricht, den Weg zu bereiten.

So kommt es, dass Pflegeschülerinnen im Alter von 21 Jahren von sich behaupten, die berufliche Begegnung mit Schmerz, Krankheit und Tod bereite ihnen keinerlei Probleme. Solche Äußerungen, die „professionell“ wirken, sind an sich ein erstes Zeichen des Burnouts. Unflexible, starre Verleugnungen haben ein Stück lebendiger Auseinandersetzung versteift – mit hemmenden Folgen für die berufliche Entwicklung.

Technische und pflegerische Aufgaben

In der Pflege gibt es viele unterschiedliche Aufgaben, und entsprechend eingeschränkt gelten die Aussagen über die Probleme der „Beziehungshelfer“ für sie. Wer in der Anästhesie, im OP oder im intensivmedizinischen Bereich arbeitet, wird es leichter haben, die emotionalen Spannungen in seinem Arbeitsfeld auszublenden. Aber in den vielen anderen Bereichen ist die Pflegekraft als „ganze Person“ gefordert. Das bedeutet, dass Privatleben und Beruf des Beziehungshelfers in einer Weise aufeinander wirken und sich wechselseitig beeinflussen, die spezifisch und neuartig ist.

Die vier Reaktionstypen

Die folgende Typologie ordnet die gerade beschriebenen Wechselwirkungen thematisch. Obwohl die einzelnen Typen plakative Namen tragen, handelt es sich nicht um Charaktere, sondern eher um modellhafte Lösungen einer Grundproblematik. Das bedeutet auch, dass die verschiedenen Lösungs- bzw. Reaktionstypen im Lauf einer Biographie wechseln können.

Opfer des Berufs

Der erste Typus ist das Opfer des Berufs. Der Beziehungshelfer kann in seiner Arbeit zahlreiche emotionale und Kontaktbedürfnisse befriedigen. So kann es geschehen, dass sein Privatleben buchstäblich vom Beruf aufgezehrt wird. In früheren, traditionellen Gesellschaften war der Verzicht auf emotionale Beziehungen außerhalb der helfenden Arbeit in einen festen Rahmen gefasst, der sich – in gesellschaftlich stark reduzierter Form – bis heute erhalten hat.

Ich meine damit vor allem klösterliche Lebensgemeinschaften, deren Gelübde die Hingabe an die vom Orden vorgegebene Aufgabe enthalten. Hier handelt es sich um eine bewusst vollzogene, durch religiöse Überzeugungen gestützte Wahl, während die Opfer des Berufs unter den Beziehungshelfern eher wider ihren Willen und in einem weltlichen Rahmen ein rein berufliches Leben führen, ihre gesamte Freizeit in Fortbildungen verbringen und nur über ihre Arbeit zu sprechen bzw. nachzudenken scheinen.

Der an emotionalen Anregungen und Kontakten reiche Beruf der Pflegenden kann eine Ersatzfunktion gewinnen, wenn intime Beziehungen im Alltag als bedrohlich empfunden werden. Diese Ersatzbefriedigung wird zum existenziellen Risiko, wenn eine Helferin erkennt, dass die Beziehungsarbeit sie letztlich doch nicht ausfüllt.

Spalter

Der Spalter steht für einen zweiten Reaktionstypus. Er versucht, in dogmatischer Weise zwischen dem intimitätsnahen Beruf und dem Privatleben zu trennen. Dadurch verarmen seine Kontakte an genau jenen Qualitäten, die er im Beruf ausübt; er versucht, sein Privatleben so zu gestalten, dass er nicht an seinen Beruf erinnert wird und sich deshalb auch von dessen Forderungen erholen kann.

Ein Beispiel für solche Spaltungsprozesse findet sich in Arztfamilien, in denen die Kinder mit hohem Fieber noch „gesund" sind, während Patienten in diesem Zustand längst krankgeschrieben werden. Ein anderes Beispiel für Spaltungsprozesse ist der Pflegende, der während eines Ehekonfliktes seine Frau anschreit, er habe den ganzen Tag mit jammernden Hysterikerinnen zu tun und könne sich jetzt nicht auch noch mit ihr beschäftigen.

Im Gegensatz zum Opfer des Berufs, das nur wenig Regressionsmöglichkeiten entwickelt („über meine Sorgen spreche ich nur mit Gott", erklärte einmal ein Vertreter dieses Typus in einer Selbsterfahrungsgruppe), ist der Spalter in seinen nichtberuflichen Beziehungen oft besonders stark von Regressionen bestimmt. Er fordert von seinen Freunden ein Übermaß an Schonung und Rücksicht, weil er sich in seinem Beruf so verausgabt;

er klagt eine problem- und konfliktlose Familie ein, weil er während seiner Arbeit ständig mit menschlichem Leid zu tun hat.

Perfektionist

Der Perfektionist geht mit seiner Rolle als Beziehungshelfer so um, dass er versucht, die hohen Ideale seiner beruflichen Arbeit auch in seinem Privatleben zu verwirklichen. Er kann sich nicht gegen die Forderung abgrenzen, dass ein Pflegender ein vollkommener Mensch sein muss, gegen Sätze, die mit der Formel beginnen: Du als Psychologe, Pflegender, Arzt müsstest doch…

Dem Perfektionisten scheint es unmöglich, zu akzeptieren, dass auch der engagierte und gut ausgebildete Pflegende nicht vor neurotischen Symptomen, psychosomatischen Krankheiten oder familiären Konflikten geschützt ist. Er wird in dieser Haltung von einer Öffentlichkeit unterstützt, deren geheime Hoffnung auf eine allmächtige Übermutter leicht in den Impuls umschlägt, eine überforderte Helferin zu steinigen.

Der Reaktionstypus des Perfektionisten hängt eng mit dem zuerst beschriebenen zusammen, dem Opfer des Berufs, doch können sich beide Reaktionstypen auseinander entwickeln. Beispielsweise kann der Perfektionist, der das Scheitern einer engen Freundschaft erlebt hat, über sich selbst so enttäuscht sein, dass er sich gänzlich auf den Beruf konzentriert. Ein Gärtner oder Ingenieur ist nicht deshalb schlecht qualifiziert, weil seine Ehe scheitert oder seine Kinder in der Schule durchfallen. Pflegende können in solchen Situation in eine Selbstwertkrise geraten, die auch ihre Professionalität beeinträchtigt.

Die psychischen Folgen einer perfektionistischen Einstellung zur Rolle der Pflegenden sind Selbstzweifel und Depressionen bis zur akuten Suizidalität. Während in anderen Berufen private Krisen – wie ein Partnerschaftskonflikt oder Verhaltensauffälligkeiten der Kinder – durch eine intakte berufliche Identität erträglich gehalten werden können, fühlt sich der Perfektionist durch sie ganz und gar entwertet.

Pirat

Der vierte Reaktionstypus ist der Pirat. Während das Opfer des Berufs sein Privatleben opfert, der Spalter es abtrennt, der Perfektionist es denselben strengen Gesetzen unterwirft wie sein berufliches Handeln, zieht der Pirat persönlichen Gewinn aus den emotionalen Beziehungen, die durch seine Arbeit als Pflegender zustande kommen.

Ein Teil solcher Gewinne, beispielsweise die Befriedigung durch die narzisstische Bestätigung und die Dankbarkeit des Patienten während einer erfolgreichen Behandlung sind unproblematisch. Aber es gibt Befriedigungen, die den beruflichen Erfolg der privaten Lust opfern, und die selbst dann der professionellen Ethik widersprechen, wenn der Patient sie wünscht.

Je wesentlicher eine emotionale, persönliche und nicht objektivierbaren Kriterien unterworfene Beziehung für die Arbeit der Pflegenden ist, desto schwerer wird es auch, das Verträgliche vom (unverträglichen) Übermaß zu trennen. Die bekanntesten Beispiele der Piraterie sind sexuelle Beziehungen, in denen die Bewunderung ausgenützt wird, die der Profession des Pflegenden, nicht aber dem Menschen an sich gilt. Weniger geräuschvoll, aber ebenso problematisch sind Bereicherungen, indem sich Pflegende in das Testament eines Gepflegten schmuggeln, ihm Geschenke abschwatzen oder ihre emotionale Beziehung zu ihren Schützlingen auf andere Weise ausnützen.

Entwicklungschancen

Ich will abschließend noch einige Entwicklungsgesichtspunkte zu diesen vier Reaktions- oder, um genauer zu sein, Risiko-Typen darstellen. Zunächst müssen wir festhalten, dass es sich nicht um reine Typen handelt, sondern um Verarbeitungsmöglichkeiten der intimitätsnahen Profession und ihrer typischen Krisen. Das bedeutet, dass die einzelnen Typen ineinander übergehen können. Es ist auch möglich, dass Gegensteuerungen aufgebaut werden, die noch den ursprünglichen Typus erkennen lassen.

Der Perfektionist verleugnet dann besonders engagiert seinen Leistungsdruck und betont in immer neuen Weiterbildungen, wie viele Möglichkeiten er sich inzwischen erschlossen hat, ganz entspannt im Hier und Jetzt leben zu können.

Der Pirat betritt oft in einer Mittelphase der beruflichen Entwicklung die Bildfläche, manchmal abhängig von äußeren Einflüssen: wer in einer befriedigenden Partnerschaft lebt, ist längst nicht so in Versuchung, Patienten zu nahe zu treten, wie der sexuell Frustrierte oder sozial Isolierte. Der überkompensierte Pirat besteht darauf, dass seine Patienten jeden Blumenstrauß, den sie ihm bringen, wieder mit nach Hause nehmen.

Ein Opfer des Berufs verbringt eine Abendeinladung lieber stumm wie ein Stockfisch, als zu verraten, was es arbeitet und so das Gespräch auf die einzigen Themen zu bringen, zu denen es etwas zu sagen hat.

Im Alter werden Helfer vielleicht alle ein wenig zu Opfern des Berufs, wenn sie nicht Spalter sind; die hohen Ansprüche des Perfektionisten passen besser zu einer Anfangsphase der beruflichen Entwicklung, in der die Ansprüche der eigenen Ausbildung noch ungeprüft idealisiert werden und es ein wesentlicher Inhalt ist, sich konkurrierend von Rivalen abzuheben.

Ich hoffe, dass diese Typologie so aufgefasst wird, wie sie gemeint ist – als Anregung zu selbstkritischen Überlegungen und vielleicht auch zu einer ironischen Distanz von den Eigenarten der „neuen Helfer". Verglichen mit anderen Berufen ist der Beruf des Pflegenden inhaltlich so gefüllt, dass gerade diese Faszination es oft schwer macht, auf angemessene Erholungszeiten zu achten.

Wer sich in diesem Beruf das Interesse für menschliche Schicksale erhalten kann, gewinnt aus ihm viel Befriedigung. Aber diese interessante und vielseitige Arbeit hat auch Schattenseiten: sie ist nach außen schwer vermittelbar, da ihr alles Plakative abgeht. Pflegende werden von Politikern und von den Vertretern der etablierten Professionen – ob es sich nun um Juristen, Lehrer, Geistliche oder Ärzte handelt – oft nicht so ernst genommen, wie sie es sich wünschen.

Was die öffentliche Geltung und den Respekt der Ökonomen für die Belange der Pflegenden angeht, ist der ganze Berufsstand in einer Krise. Diese Krise aber sollten sie nicht persönlich nehmen, sondern ihre politische Dimension erkennen und öffentlich für ihre Rechte kämpfen, die in einer alternden Gesellschaft ein ganz wesentlicher Beitrag zu einer menschenwürdigen Zukunft sein werden.

Was schützt vor Burnout?

Zum Abschluss dieses Kapitels einige Ergebnisse einer Untersuchung mit Pflegekräften,[9] bei der gezielt nach den Merkmalen von Personen gesucht wurde, die nicht burnoutgefährdet sind:

- Sie fühlen sich von ihrem Team und ihren Vorgesetzten ausreichend unterstützt, d.h. anerkannt und in schwierigen Situationen aufgefangen. Dabei ist das Verhältnis zu den Kolleginnen wichtiger als das zu den Vorgesetzten.
- Sie fühlen sich von ihrem Beruf geistig herausgefordert und erleben sich in einem dauernden Lernprozess.
- Sie gehen aktiv gegen Belastungen vor, sprechen überflüssige Erschwernisse ihrer Arbeit an und suchen sie abzubauen.
- Sie haben eine Balance zwischen Arbeit und Privatleben erreicht, so dass ihr Selbstgefühl nicht allein von der beruflichen Anerkennung abhängt.
- Sie haben ein Gefühl der Autonomie in ihrer Arbeit und sind meist in irgendeiner Form engagiert, Arbeitsabläufe mitzugestalten.

8
Mobbing

Mobbing ist ein vielschichtiges Phänomen, oder besser gesagt: wenn einer der vielen Konflikte des Berufslebens unter der Bezeichnung „Mobbing" angegangen wird, kann diese Wortwahl das Problem ebenso verschleiern wie dazu beitragen, es zu klären. Das liegt daran, dass sich in dem Wort subjektive und objektive Prozesse verfilzen. An sich meint der aus Schweden stammende Begriff „mob" anrempeln, beleidigen. „Aggression am Arbeitsplatz" ist eine geläufige Übersetzung: Herabsetzende Kritik, Klatsch oder „Schneiden", indem z.B. Grüße nicht erwidert werden.

Mobbing ist immer eine regressive Entprofessionalisierung. Wer professionell arbeitet, weiß auch, dass in einer beruflichen Zusammenarbeit eine höfliche und wertschätzende Umgangsform unerlässlich ist. Gute Vorgesetzte sind darin ein Vorbild und dulden keine Entwertungen unter ihren Mitarbeitern. Kolleginnen und Kollegen müssen sich nicht lieben, aber respektieren. Ist in einem Team klar, dass jeder Mitarbeiter Respekt geben und beanspruchen kann, ist Mobbing unmöglich.

Wer sich gekränkt fühlt, ohne einzusehen, dass er zur Entstehung der Kränkung beigetragen hat, kann mit Hilfe des Mobbing-Begriffs seine Opferposition stärken. Ich arbeite gut und gehe professionell mit meinen Kolleginnen um, sie tun es nicht, sie mobben mich. Wer angesichts von Problemen mit einem Mitarbeiter diesen des Mobbings „nach oben" verdächtigt, kann eigene Führungsschwächen und Unklarheiten verschleiern.

Kämpferische Positionen wie Abmahnung und Kündigung spielen im Mobbing oft nur eine untergeordnete Rolle. Da sie schriftlich erfolgen müssen, bieten sie dem Opfer Möglichkeiten, sich zu wehren, und hindern den Täter daran, sich selbst als Opfer aufzuspielen. Oft werden sie in einem Mobbing-Kontext in einer Weise vorgenommen, die juristisch nicht aufrechtzuerhalten ist.

Im Beruf lernen wir, mit Kränkungen umzugehen

Das Berufsleben ist ein Training im Ertragen von Bedürfnisaufschub und damit auch in der Verarbeitung von Kränkungen. Zu Beginn unserer seelischen Entwicklung können wir Kränkungen überhaupt nicht ohne heftige Reaktionen von Angst, Wut und Zerstörungswünschen verarbeiten. „Erziehung" ist weitgehend ein Training, solche primitiven Reaktionen zu neutralisieren und angemessenere Umgangsformen zu entwickeln. In Zeiten, in denen Berufstätige angemessene Möglichkeiten haben, sich zu erholen, in denen sie ihre Arbeit als sinnvoll und erfolgreich erleben und den Eindruck haben, von ihrer Umwelt – in Organisation: von Kollegen und Vorgesetzten – ausreichend bestätigt zu werden, gelingt es den meisten auch, Kränkungen zu verarbeiten, Aggressionen zu neutralisieren und sich gegenseitig das für den Betriebsfrieden unentbehrliche Maß an Bestätigung zu gewähren.

Wenn diese Situation kippt und eine Organisation unter erhöhten Druck gerät, werden diese stabilisierenden Prozesse erschwert. Häufig steigern die Folgen den ohnehin bestehenden Druck noch weiter. Wenn z.B. auf ein Team von einer unter Stress geratenen Führungskraft Druck ausgeübt wird, bisher selbstverständliche Leistungen gekürzt oder bisher gepflegte höfliche und rücksichtsvolle Umgangsformen aufgeben werden, dann werden gerade die fähigen und unabhängigen Mitarbeiter kündigen; die anderen setzten die Führungskraft (und sie die Mitarbeiter) noch mehr unter Druck. So kann binnen kurzer Zeit eine langjährig stabile Situation entgleisen.

Beratung in Systemen unter Stress

Die eben geschilderte Situation führt oft dazu, dass Hilfe von außen gesucht wird: Beratung, Coaching, Organisationsentwicklung, Supervision. Ich will sie an zwei Beispielen vertiefen.

Die Leiterin des Kindergartens einer Pfarrgemeinde bittet eine Sozialpädagogin um eine Fortbildung für ihr Team. Sie soll dort offene Gruppenarbeit vertreten. Die Auftraggeberin ist eine 60-jährige Frau, die nach einer langen Kinderpause an ihren früheren Arbeitsplatz zurückgekehrt ist und den Kindergarten seit zehn Jahren leitet. Sie wirkt in dem Vorgespräch hektisch und etwas distanzlos. So erzählt sie gleich von einer gescheiterten Ehe und betont, die Arbeit in diesem Kindergarten sei die letzte Aufgabe, der sie sich in ihrem Leben stellen und die sie deshalb unbedingt gut machen wolle. Die Beraterin verspricht, ein Angebot für eine Fortbildung zu machen.

Noch ehe die Beraterin mit der Leiterin über dieses Angebot sprechen kann, ruft der Pfarrer an. Er hat von dem Fortbildungsplan erfahren und in dem beiliegenden Flyer gelesen, dass die Sozialpädagogin auch Supervision anbietet. Das sei genau das Richtige für die Leiterin, denn offene Gruppen wolle niemand im Kindergarten, die Eltern nicht und die Mitarbeiter auch nicht. Außerdem habe er die Leiterin im Verdacht, dass sie Mobbing betreibe. Immer wieder würden ihm Mitarbeiter das sagen, auch käme es häufig zu Kündigungen.

Die Beraterin sucht sich abzugrenzen: Sie werde diese Anregung mit der Leiterin besprechen. Es sei vielleicht sinnvoll, wenn sich einmal alle Beteiligten träfen, um diese Fragen zu klären. Die Leiterin ist einverstanden, als ihr die Beraterin von dem Anruf erzählt, wobei sie die heikelsten Inhalte verschweigt.

Zu dem Treffen hat die Leiterin alle Mitarbeiter, den Elternbeirat und den Pfarrer eingeladen. Dieser entpuppt sich als junger, eher kindlich und unsicher wirkender Mann, der vor einem Jahr den alten Pfarrer abgelöst hat. Er behauptet auch nicht mehr, alle seien gegen das neue Konzept, sondern sagt vorsichtig, es hätte doch viele Einwände gegeben.

Die Leiterin ist damit einverstanden, nach der Fortbildung die Umsetzung des neuen Konzepts durch Supervision begleiten zu lassen. Dabei stellt sich heraus, dass die Vorstellungen über eine Konzeptentwicklung verdecken, dass in dem Kindergarten professionelle Arbeit wenig entwickelt ist und vor allem nicht durchgehalten wird. Die Leiterin macht Zusagen und stößt sie nach einigen Tagen wieder um. Sie klagt darüber, von ihren Mitarbeitern gemobbt zu werden. Ziel dieser Anklagen ist eine neu eingestellte Erzieherin, die angeblich bei einem Elternabend gegenüber den Eltern in ihrer Gruppe schlecht über die Leiterin gesprochen hat.

Nachdem der Pfarrer immer wieder zwischendurch bei der Supervisorin anruft, um sie über Ereignisse im Kindergarten zu informieren – Klagen von Eltern, die Kündigung zweier Mitarbeiter – rückt er nach der vierten Sitzung mit seiner Enttäuschung heraus, dass die Supervisorin es bisher nicht zustandegebracht habe, die Leiterin zur Kündigung zu bewegen. Die Beraterin: „Es ist Ihre Mitarbeiterin. Da müssen Sie schon selbst tätig werden. Für Kündigungen sind Sie verantwortlich!“ „Das heißt also, ich muss lernen, mit so einer Frau umzugehen? Dann brauche ich auch Supervision.“ Die Beraterin bestätigt den Pfarrer in dieser Absicht und ist erleichtert, dass seine Anrufe in Zukunft ausbleiben. Nun bleibt dem Pfarrer nichts anderes übrig, als offen vorzugehen, womit auch seine eigene Führungsfähigkeit zur Debatte steht.

Gefährliche Traditionen

In sozialen Einrichtungen mit Traditionen des Märtyrertums und der Selbstaufopferung ist es oft schwierig, über Grenzen der eigenen Belastbarkeit zu sprechen. Ein Vorstand kann einen leitenden Mitarbeiter entlassen, weil „die Chemie nicht stimmt". Ein Bischof kann mit diesem Argument keinen Domkapitular loswerden. Viele der in den Beschreibungen über Mobbing veröffentlichten Szenen spielen darauf an, dass Mitarbeitern und/oder Vorgesetzten die Chancen genommen sind, Trennungswünsche offen zu diskutieren und rationale Lösungen für Unzuträglichkeiten einer Beziehung zu finden.

Wenn Heimlichkeit „von oben" als Führungsinstrument eingesetzt wird, steigt die Wahrscheinlichkeit, dass sie auf allen Ebenen der betroffenen Einrichtungen aufzufinden ist. In der gerade geschilderten Supervision in einem kirchlichen Kindergarten finden sich viele Hinweise dafür: Die Leiterin verheimlicht ihrem Chef, dass sie ein neues Konzept durchsetzen will, der Chef verheimlicht ihr seine Einwände dagegen, die Erzieherinnen verheimlichen der Leiterin, was sie über sie denken, teilen dies aber auf einem Elternabend den Anwesenden mit. Weil der Pfarrer den Verdacht hat, dass die Leiterin der Supervisorin verheimlicht, dass „schon wieder" eine Mitarbeiterin gekündigt hat, ruft er heimlich bei ihr an, um sie zu informieren.

Wer sich bei der Arbeit wohl fühlt, mobbt nicht

Über die Belastbarkeit eines Professionellen sowie über seine Fähigkeit, auch unter Stress berufliche Qualitäten aufrechtzuerhalten, entscheiden nicht nur Ausbildung, Position in der Organisation, Leitung und Anleitung bzw. Supervision. Auch die Fähigkeiten, das nicht-berufliche Leben befriedigend zu gestalten und in der Freizeit einen Ausgleich zu finden, entscheiden wesentlich mit, ob eine Kompetenzerweiterung und -vertiefung im Beruf stattfinden kann oder nicht.

Wer genügend Selbstvertrauen und privaten Ausgleich besitzt, hat es erheblich leichter, sich einzugestehen, dass er sich an seinem Arbeitsplatz nicht wohl fühlt, dass seine negativen Gefühle berechtigt sind, dass er sie ernst nehmen und versuchen darf, eine neue Stelle zu finden, von der er sich verspricht, dort nicht dasselbe zu erleiden.

Wer hingegen schon von sich weiß oder ahnt, dass er sehr schnell beleidigt ist, wer schon oft erfahren hat, dass seine Kränkung ein schlechter Ratgeber ist, weil er sie übertreibt und aus nichtigem Anlass von ihr überfallen wird, der wird lange zögern, diese Gefühle in Handeln umzusetzen. Er klammert sich an sein vermeintliches Recht und fürchtet, es überall, wohin er gehen könnte, noch schlechter zu haben. Hier, wo er sich gekränkt fühlt, kennt er den Umfang und die Art der Kränkungen schon. Er kann sie einigermaßen einordnen und aushalten. An einem neuen Arbeitsplatz aber fürchtet er nicht Erlösung, sondern Verschlechterungen.

Um solche Entwicklungen wirklich zu verstehen, finde ich eine psychoanalytische Perspektive sehr hilfreich. Denn sie konzipiert im Projektionsbegriff die Erwartung, von der Umwelt so behandelt zu werden, wie man selbst sie (unbewusst) behandelt. Ein Mitarbeiter, der sich gemobbt fühlt, wird oft trotz tiefster Kränkungen ausharren. Er kann sich auch deshalb nicht trennen, weil er fürchtet, dass ihm die Kollegen an einem neuen Arbeitsplatz mit genau den Gefühlen begegnen werden, die er seinen Kollegen oder Vorgesetzten gegenüber empfindet, welche ihn am jetzigen Arbeitsplatz so beeinträchtigen.

Wer voller Hass unermüdlich liebevollere und rücksichtsvollere Behandlung von den Personen einklagt, die er nicht leiden kann, fürchtet in einer neuen Beziehung diesen Hass viel mehr, als dass er die von ihm eingeforderte Liebe erwartet, von der er im Grunde genommen auch weiß, dass er sie nicht erhalten wird.

Die praktische Folgerung aus diesen Einsichten überrascht. Möchte ein Chef einen Mitarbeiter loswerden, kann es die dümmste und am wenigsten effektive Strategie sein, diesen zu mobben. Behandelt er ihn jedoch gut, baut ihn auf und zeigt ihm Perspektiven, sind die Chancen viel größer, dass der Mitarbeiter geht. Diese Dynamik ist in Familien schon lange bekannt: Bleibt ein Kind aus einer Geschwisterreihe besonders lange zuhause und scheint besonders eng an die Eltern gebunden zu sein, dann können wir fast sicher sein, dass es nicht das Kind ist, welches von den Eltern die meiste Anerkennung erfahren hat.

Wer gibt, dem wird gegeben

Hilfreich in der Analyse von „Mobbing"-Problemen ist demnach nicht nur eine Untersuchung persönlicher Faktoren, z.B. der narzisstischen Belastbarkeit, und organisatorischer Einflüsse, etwa der Konfliktverleugnungs- und Verheimlichungsbereitschaft in manchen Institutionen, sondern auch eine Untersuchung der Vergangenheit eines Systems. Was ist wann geschehen und hat die Belastungen im System erhöht? Was wurde getan, um die Belastungen zurückzuschrauben? Warum sind diese Gegenmaßnahmen gescheitert?

In dem erwähnten Kindergarten hatte der Wechsel in der Pfarrstelle den Konflikt verschärft. Der Vorgänger des Pfarrers war autoritär und verschlossen, wodurch eine Eskalation zwischen der Kindergartenleiterin und den Erziehern verhindert wurde. Als der junge Nachfolger kam, der bei allen Mitarbeitern um Anerkennung warb und Unterstützung suchte, entstand sehr rasch eine Situation, in der jede Partei davon ausging, den Pfarrer auf ihrer Seite zu haben.

In seiner Vermischung der Rollen des Seelsorgers und des Arbeitgebers hatte der Pfarrer schließlich Probleme mit beiden Aufgabenbereichen. Die Arbeit funktionierte immer schlechter, aber auch der seelsorgerliche Einsatz, den er angesichts dieser Krisen entwickelte, kam nicht an und schien den Ärger nur zu vermehren.

Ebenso wie die Leiterin und die anderen Angestellten des Kindergartens war der junge Geistliche Opfer und Täter gleichzeitig. Man kann sich vorstellen, dass ein selbstbewusster und nicht so stark von der Anerkennung einer Mutterfigur – wie die Kindergartenleiterin eine war – abhängiger Pfarrer von diesem Konflikt verschont geblieben wäre, dass aber andererseits auch eine Leiterin, die nicht ständig ihre Rolle verlässt und wie eine beleidigte Mutter reagiert, einen unsicheren Pfarrer hätte allmählich in seine Aufgaben einführen und in seiner Führungsrolle aufbauen können.

9

Entscheidungshilfen für Supervision, Coaching und Psychotherapie

Für berufliche Probleme, die – wenn sie vernachlässigt werden – das Helfersyndrom wuchern lassen und schließlich zum Burnout führen, gibt es Hilfen: professionelle und solche, die auf Eigeninitiative beruhen. Eine ganz wesentliche, meines Erachtens unersetzliche und als Nebenvorzug auch noch kostengünstige Hilfe habe ich schon beschrieben: die kollegiale Gruppe unter ihren verschiedenen Namen: Teamgespräch, Qualitätszirkel, Intervisionsgruppe, Kaffeekränzchen, Stammtisch. Hauptsache, es gibt eine Möglichkeit, ohne Furcht vor Entwertung oder Beschämung wenigstens einige der vielen offenen Fragen anzusprechen und weiterzuentwickeln, die in allen Berufen mit Menschen und zwischen Menschen laufend entstehen.

Wem diese Möglichkeiten nicht ausreichen oder nicht offen stehen, der kann professionelle Hilfe beanspruchen. Schlägt sich der Burnout in Rückenschmerzen, einer Allergie oder Schlafstörungen nieder, ist der Arzt zuständig. Was aber, wenn „nur" psychische Probleme vorliegen?

Teamsupervision

In psychiatrischen und psychotherapeutischen Kliniken, in den meisten Beratungsstellen und in sozialpädagogischen Einrichtungen wie Heimen, Jugend- und Sozialämtern ist Supervision bereits eingeführt. Hier wissen die meisten Mitarbeiter, was in einer Teamsupervision geschieht, sie finden es in der Regel nützlich, manchmal mehr, manchmal weniger hilfreich, wie man sich während einer Fortbildung ja auch manchmal langweilt und manchmal davon profitiert.

In dem weiten Feld der restlichen Pflegeberufe ist Supervision noch beides: Wundertruhe und Ekelpaket. Die Situation gleicht manchmal der Eheberatung. Wenn das zerstrittene Paar den Berater aufsucht, erwartet zunächst jeder ein Wunder: der oder die böse Andere wird Einsicht zeigen und sich verändern. Selbst ist man ja ganz in Ordnung, und wenn der Partner anders wäre, wären auch die Probleme weg.

Wenn ein derart zerstrittenes, wenig einsichtiges Team Supervision nimmt, ist die Gefahr eines Misserfolges groß. Kaum hat der Supervisor aufgedeckt, dass die professionelle Arbeit unter dem Streit leidet und jede der Streitparteien erst einmal vor der eigenen Tür kehren muss, ist der Honigmond zu Ende und die Entscheidung fällt schwer, ob man den eigenen Anteil an den Problemen bearbeiten kann oder wieder in die Entwertung des Gegners zurückkehren wird, mit dem kleinen Gewinn an Einigkeit, dass die Supervision nichts gebracht hat!

Teamsupervision ist eine Möglichkeit, die professionelle Entwicklung von Teams und einzelnen Mitarbeitern zu fördern, z.B. durch Fallvorstellungen, die in der Supervision bearbeitet werden. Sie ist eine hervorragende Investition, wenn dadurch ein Klima entsteht, in dem Probleme angesprochen werden können, bevor sie die Arbeit beeinträchtigen. Längst ist auch nachgewiesen, dass in Einrichtungen, die Teamsupervision eingeführt haben, der Krankenstand geringer ist als in Einrichtungen, die sie ablehnen.

Qualifikation von Supervisoren

Über die möglichen Merkwürdigkeiten bei der Auswahl von Supervisoren wurde schon einiges gesagt. Adressen von ausgebildeten Supervisoren können bei einem Dachverband wie z.B. der Deutschen Gesellschaft für Supervision oder dem Bund deutscher Psychologen erfragt werden. Häufig haben die Wohlfahrtsverbände oder andere große Träger eigene Listen anerkannter Supervisoren.

Die „Feldkompetenz"

Eine wichtige Frage betrifft die so genannte „Feldkompetenz": Supervisor wird, wer bereits in einem anderen sozialen Beruf – z.B. als Pflegender, Sozialpädagoge, Psychologe, Lehrer oder Arzt – gearbeitet hat. Ist er nun besonders für das „Feld" geeignet, das er schon einmal beackert hat, oder ist er dort betriebsblind? Ich würde sagen, es kommt darauf an. Wer die Pflege aus langjähriger eigener Tätigkeit kennt, wird manche naiven Fragen nicht stellen, welche die Arbeit in der Teamsupervision nur aufhalten – aber er wird vielleicht auch naive Fragen nicht stellen, die plötzlich allen zu denken geben und das Problem in ein neues Licht rücken.

Ziemlich dumm (Verzeihung!) geht aber in jedem Fall ein Team vor, das meint, der Supervisor aus der Pflege würde für die Pflegenden gegen die Ärzte Partei ergreifen, der Supervisor aus der Medizin für die Ärzte und der Psychologe sei neutral. Wer das ernsthaft glaubt und sich daran orientiert, verschwendet sein Geld. Ein Supervisor, der seine eigene Feldkompetenz in Parteilichkeit umsetzt, der in seiner recht langen und gründlichen Ausbildung nicht ausreichend darüber nachgedacht hat, dass in einem Team alle miteinander und nicht gegeneinander arbeiten, der also solche Erwartungen umsetzt und erfüllt – der ist wirklich die Zeit und das Geld nicht wert, die für die Supervision aufgewendet werden müssen.

Teamsupervision nutzen heißt den Supervisor fordern und Neues probieren

In vielen Teamsupervisionen, an denen die unterschiedlichsten Berufsgruppen teilnehmen, z.B. Ärzte, Psychologen, Sozialpädagogen und Pflegende, habe ich den Eindruck gewonnen, dass die Pflegenden am meisten von einer kontinuierlichen und engagierten Teamsupervision profitieren. Das liegt daran, dass sie meist jünger, flexibler, offener und nicht so festgefahren sind wie die „akademischen" Berufe, die viel mehr fürchten, von ihrem hohen Ross zu fallen.

Die Supervision gelingt nur, wenn es den Pflegenden möglich ist, den Supervisor zu fordern, ihn als wohl wollenden und für Fragen offenen Leiter der betreffenden Sitzungen anzusprechen. Wie alle Leiter kann und muss auch ein Supervisor gefordert werden. Also bitte nicht stumm dasitzen und darüber grübeln, welchen Verweis oder welche Kritik eine unverständliche Formulierung verbirgt, sondern sich alles genau erklären lassen!

Ob in einer Teamsupervision die Mitglieder füreinander die Rolle des wohl wollenden, neutralen, nicht entwertenden, sondern die professionelle Entwicklung fördernden Gesprächspartners einnehmen können, ist oft nicht klar. Es gibt immer Animositäten oder Streit; das ist menschlich, darf aber nicht zur Normalität werden. Supervisoren hingegen sind ausgebildet und verpflichtet, solche Gesprächspartner zu sein. Sie leiden, wenn niemand im Team ihnen offen begegnet und ihr Angebot nützt. Und sie freuen sich, wenn sie das tun dürfen, wofür sie bezahlt werden. Wenn ein Teammitglied also sich selbst und dem Supervisor etwas Gutes tun will, ist die Lösung ganz einfach: eine offene Frage ansprechen, in der eine Unklarheit oder Unsicherheit der eigenen Professionalität spürbar wird, und sich nicht zufrieden geben, ehe man eine Antwort gefunden hat.

Balintgruppe

Die Balintgruppe ist nach dem ungarischen Psychoanalytiker Michael Balint benannt, der damit begonnen hat, die „Droge Arzt" zu erforschen. Er bildete Gruppen, in denen einzelne Mitglieder über einen Fall aus ihrer Praxis berichteten, der sie beschäftigte. Nachdem die sachlichen Aspekte geklärt waren, forderte Balint die Gruppenmitglieder auf, sich zu ihren Gefühlen, Gedanken und Erinnerungen zu äußern, die der beschriebene Fall ihn ihnen ausgelöst hat – möglichst frei, möglichst ohne Ratschläge oder technische Empfehlungen, wie vorzugehen sei.

Derjenige, der den Fall in die Gruppe eingebracht hat, wird durch diese Einfälle manchmal verwirrt, oft aber klärt sich seine Perspektive und er kann mit frischem Mut weiterarbeiten. Besonders merkwürdig ist, dass gar nicht selten die „schwierigen" Patienten, die in der Balintgruppe vorgestellt wurden, nach der Sitzung überhaupt nicht mehr so schwierig waren; es ist, als ob sie mitgehört hätten. In Wirklichkeit ist es aber wohl so, dass eine geklärte Einstellung des Helfers es auch dem Gepflegten erleichtert, sich klarer zu verhalten.

Die Balintgruppe steht zwischen Team- und Einzelsupervision: die Gruppenmitglieder arbeiten beruflich nicht zusammen und untersuchen gemeinsam die Situation des „Berichterstatters". Es lohnt sich in jedem Fall, eine solche Gruppe auszuprobieren. Wenn man Glück hat, findet man dort genau den Freiraum und die Anstöße, die für eine professionelle Entwicklung wichtig sind. Solche Gruppen bleiben oft über viele Jahre zusammen und werden zu einem Teil der professionellen Kultur der Beteiligten.

Einzelsupervision

Nimmt jemand Einzelsupervision, wird dies in unterschiedlichen Helferkulturen unterschiedlich gedeutet: In der einen ist das ein Zeichen für den Wunsch nach professioneller Entwicklung, für Reife, Selbstkritik und Persönlichkeitsstärke. In anderen

ist es ein Zeichen dafür, dass jemand nicht mehr weiterweiß, für seine Arbeit nicht fit genug, ein Sensibelchen oder ein Schwächling ist. Die Pflege steht zwischen beiden Kulturen.

Einzelsupervision ist nicht intensiver und gründlicher als Teamsupervision, aber anders. Der Supervisand muss reden, muss etwas berichten, während er in einer Gruppe auch still dabeisitzen und vom Zuhören profitieren kann. Die Abhängigkeit von den Rückmeldungen des Supervisors ist größer: Im Team gibt es immer auch Kollegen, die eine andere Meinung vertreten als der Supervisor.

Die Supervision Pflegender erfüllt ihre Aufgabe am besten, wenn sie einen Freiraum herstellen kann, in dem der Supervisor mit dem Supervisanden sowohl dessen irrationale als auch dessen professionell kontrollierte Handlungsentwürfe untersuchen kann. Daher ist Supervision ohne Vertrauen leer, während Supervision in blindem Vertrauen selbst blind wird.

Krisen in der Zusammenarbeit

Im Folgenden sollen Krisen in einer Zusammenarbeit, die der Beratung, Förderung und Entwicklung von Pflegenden dienen soll, genauer untersucht werde. Dabei gehe ich davon aus, dass die Quelle der Krise ebenso beim Berater angesiedelt sein kann wie beim Klienten. Es ist naiv, davon auszugehen, dass Ärzte immer seelisch reifer sind als ihre Patienten oder Supervisoren als ihre Supervisanden. Das Gleiche gilt übrigens für Lehrer und Schüler, für Psychotherapeuten und ihre Klienten oder für Führungskräfte und ihre Mitarbeiter.

Kommunikationsproblem und Selbstgefühl

Die Supervision gerät in eine Krise, wenn es den Beteiligten nicht gelingt, das Vertrauen des jeweils anderen zu gewinnen. Dann findet der Supervisor auch nur selten einen angemessenen Zugang zur Erlebniswelt der Pflegenden. Macht er einen Vorschlag oder kritisiert etwas, erlebt er keinen lebendigen Bezug zu seinen Gesprächspartnern, sondern Gefügigkeit oder Trotz. Er wird mit technischen Berichten abgespeist.

Der Ausgang dieser Situation hängt, wie es sehr oft in krisenhaften Beziehungen der Fall ist, vom Selbstgefühl der Beteiligten ab. Je stabiler das Selbstvertrauen, desto eher kann sich ein Mensch in Frage stellen (lassen), die Krise nicht verleugnen, sondern sie sich eingestehen. Bewältigen lassen sich Kommunikationskrisen, wenn alle Beteiligten bereit sind, ihr Scheitern in der Beziehung zumindest als Denkmöglichkeit zu akzeptieren und zu ertragen. Nur dann kann der Einzelne seinen eigenen Anteil an der Beziehungs-GmbH akzeptieren und muss nicht die Verantwortung für das Misslingen komplett an seine Partner delegieren, die dann naturgemäß versuchen werden, den schwarzen Peter zurückzuschieben, bis am Schluss allein schon die Aggression über die Frage „Wer hat angefangen?“ den Horizont verdüstert.

Wenn alle Beziehungspartner über dieses Selbstgefühl verfügen, gelingt die Supervision, weil jeder sich in Frage stellen (lassen) kann, der Freiraum von Anfang an besteht, und in ihm auch die eigentliche Zusammenarbeit aufeinander abgestimmt werden kann. Ist nur der Supervisand selbstsicher, hat er es nicht nötig, mit dem Supervisor zu rivalisieren. Dann wird er versuchen, unbrauchbare, mehr der Selbstbestätigung des Supervisors als der Dynamik der Pflegesituation dienende Vorschläge zu ignorieren.

Potenzierte Unsicherheiten

Unlösbar sind häufig Krisen, in denen die Selbstgefühlsprobleme von Supervisor und Supervisand wechselseitig eskalieren.[10] Es beginnt vielleicht so, dass der Supervisand ganz besonders eifrig alles machen möchte, was der Supervisor vorschlägt. Handelt es sich beim Supervisanden z.B. um eine Stationsleitung, will diese mit dem Supervisor nicht über ihren Führungsstil sprechen und diesen reflektieren, sondern will – wie ein ferngesteuerter Automat – ihre Mitarbeiter exakt genau so führen, wie es der Supervisor vorschlägt. Sie hat, um der eigenen Unsicherheit zu entgehen und sie nicht bewusst bearbeiten zu müssen, den Supervisor idealisiert und versucht nun, sich mit diesem unrealistischen, lebensfernen Bild zu identifizieren.

Der Supervisor hingegen ist zunächst zufrieden, da er aufgrund seiner eigenen Selbstgefühlsproblematik idealisiert werden will und entsprechend auf Bewunderung und dauernde Beweise seiner Grandiosität angewiesen ist. Daher lässt er sich auf das Ansinnen ein, die Gesamtverantwortung für den Führungsstil auf der Station zu übernehmen. In der Regel dauert es aber nicht lange, bis eine solche Idealisierung kippt. Die Mitarbeiter auf der Station reagieren negativ auf die Fremdbestimmung ihrer Stationsleitung, diese wiederum macht den Supervisor, der schließlich alles gelenkt hat, für den Schaden verantwortlich; der Supervisor kann sein verletztes Selbstgefühl nur dadurch retten, dass er die Gesamtschuld der Stationsleitung aufbürdet. Diese ist dadurch so verunsichert, dass sie sich an den Supervisor in einer hochgradigen Ambivalenz bindet: einerseits will sie dem „Idol" zeigen, dass sie seiner würdig ist, anderseits überlegt sie insgeheim, ob sie es nicht mit einem Unmenschen zu tun hat.

Kreativitätsförderung statt Regeldenken

Professionelle Arbeit ist viel mehr als die Anwendung wissenschaftlicher Gesetze auf den Einzelfall. In ihr geht es um eine kreative Tätigkeit, in der die wissenschaftliche Orientierung zwar die nachträgliche Reflexion erleichtert und Gesetze vorgibt, die man kennen muss, aber in der ein schöpferischer Prozess den Ausschlag über Gelingen oder Scheitern gibt. Wenn der Ingenieur die Gesetze der Statik missachtet, stürzt seine Brücke ein; aber die Gesetze der Statik sagen ihm nicht, wie er die Brücke konstruieren muss, sodass sie an einem gegebenen Ort mit den lokalen Mitteln gebaut werden kann.

Ähnlich ist es auch mit der Kreativität professioneller Pflegekräfte, welche zwar bestimmte Regeln einhalten müssen, darüber hinaus aber ihrer Kreativität freien Lauf lassen können. Dass sie dies auch können, ist ein Ziel der Supervision. In dieser sind Fragen vom Typ „was soll ich machen, wenn ..." gelegentlich zwar sinnvoll, doch geht eine wirklich produktive Supervision weit darüber hinaus. Sie beantwortet nicht nur einfach Fragen und lässt die Pflegenden die Antwort aufschreiben, sondern fördert den Prozess, ein Problem konstruktiv zu lösen und aus der eigenen Erfahrung möglichst viel zu lernen.

Wer Regeln aufstellt und sich an sie hält, gewinnt Routine und kann schneller reagieren, weil er das Ungewohnte einordnen

kann. Auf der anderen Seite führt übersteigertes Regeldenken zu inhaltsleerer Routine und fördert den Burnout (wenn beispielsweise die Stationsschwester vorgibt, wie Tassen und Teller auf einem Tablett unterzubringen sind, und dies auch kontrolliert). Ohne Regeln wäre professionelle Arbeit chaotisch und daher nicht möglich. Besteht sie jedoch nur aus Regeln, geschieht sie automatisch und erlaubt keine Entwicklung mehr. In einer guten Supervision werden professionelle Regeln so vermittelt, dass immer auch Raum für Neuentwicklungen bleibt.

Zwischen Supervision und Psychotherapie

Wer einen Experten aufsucht, der ihm helfen soll, tut gut daran, diesem zwar alle seine Probleme anzubieten, ihn dann aber auch arbeiten zu lassen. Umgekehrt tut der Experte gut daran, das zu tun, wofür er aufgesucht und bezahlt wird, und nicht dem Klienten langatmig zu erklären, er solle ein anderes Problem bringen, für das seinige sei er nicht zuständig.

Wenn ein Patient depressiv im Bett liegt, kann sich die Pflegende ihm zuwenden, oder sie kann einem Arzt oder Psychologen Bescheid sagen. Es hat aber wenig Sinn, dem Kranken zu erklären, dass sie jetzt versuchen werde, ihn aufzumuntern, dass sie aber, wenn sie damit nicht genügend Erfolg hat oder ein schwerwiegenderes Problem erkennt, einen Arzt hinzuziehen werde. Professionalität äußert sich im Handeln, nicht in Erklärungen, die Unsicherheiten des Helfers ausdrücken und Verantwortung abtreten.

Ähnlich fragwürdig finde ich es, in Supervisionen darüber zu diskutieren, ob es sich nicht vielleicht um ein therapeutisches Problem handelt. In Supervisionen wird vorgebracht, was mit dem Beruf zu tun hat (und dazu gehören private Probleme, welche die Arbeitsfähigkeit stören, allemal). Dann wird an der Entwicklung der Professionalität gearbeitet. Wenn sich nach einer gewissen Zeit herausstellt, dass die Privatsphäre nicht durch die Klärung der beruflichen Situation entlastet wird oder dass die beruflichen Spannungen mit einer Sucht, mit neurotischen Ängsten, starken Depressionen und Ähnlichem zusammenhängen, werden auch diese Hemmnisse einer beruflichen Entwicklung angesprochen und mögliche Lösungen diskutiert.

Da ich selbst in beiden Rollen – der des Supervisors und der des Psychotherapeuten – arbeite, bin ich ein wenig davor bewahrt, Probleme abzuschieben und meinen Supervisanden zu erklären, sie müssten damit in eine Psychotherapie gehen. Ich rede nicht von Supervision und Psychotherapie, sondern ich arbeite als Supervisor oder als Therapeut, je nachdem, wofür ich beauftragt wurde.

Die Erwägung, statt einer Supervision eine Therapie zu empfehlen, entspringt oft der Sorge, dem Supervisanden nicht gerecht zu werden, aber sie vergeudet in der Regel nur Zeit und Energie – zumindest bei denen, die sich bewusst für eine Einzelsupervision ausgesprochen haben, denn diese kennen sich im Beratungsfeld meist so gut aus, dass sie über die Alternative einer Psychotherapie informiert sind. Nichts ist blamabler, als jemandem eine Psychotherapie zu empfehlen, der bereits seit Jahren eine macht, es aber nicht für nötig befand, den Supervisor darüber zu informieren.

Ich finde diesen Gesichtspunkt wichtig genug, um ihn zu betonen. Zu oft wird nach meinen Eindrücken im professionellen Feld der wohlfeile Rat erteilt, etwas anderes zu machen, um sich vor einer sorgfältigen Antwort auf die Frage zu schützen, warum so wenig hilft, was bisher unternommen wurde.

Wann Psychotherapie?

Professionelle Lösungen bemühen sich immer um Eleganz, d.h. sie versuchen, mit geringstem Aufwand ein optimales Ergebnis zu erreichen. Daher ist angesichts eines Burnout-Problems die selbstorganisierte Kollegengruppe die Methode der ersten Wahl, gefolgt von Teamsupervision, Einzelsupervision und schließlich

Gruppen- oder Einzelpsychotherapie. Immer sollte das aufwändigere Verfahren nur dann gewählt werden, wenn das einfachere und kostengünstigere Mittel versagt.

In der Konsumgesellschaft haben billige Lösungen einen schlechten Ruf. Teuer ist besser. Wer fünf Fachärzte konsultiert, muss doch medizinisch besser versorgt sein als der „altmodische" Patient, der noch seinem Hausarzt vertraut!

Wir sollten uns von solchen Vorurteilen befreien. Wenn ich ohne Kunstdünger so viel Ertrag erreiche wie mit Kunstdünger minus der Kosten für den Kunstdünger, dann ist die billige Lösung nicht gleichwertig, sondern besser. Ein professionell denkender Landwirt wird sich für sie entscheiden, ein eitler wird versuchen, mit allen Mitteln den höchsten Ertrag pro Hektar herauszuholen. Die einfachere Lösung ist eleganter. Sie spart Arbeit, schont den Boden und steigert wahrscheinlich auch die Qualität.

Ähnlich ist eine „kleine" Intervention, die zu einem ausreichenden Ergebnis führt, besser als eine große, welche die Gefahr mit sich bringt, die Selbstheilungs- und Selbstentwicklungstendenzen zu blockieren.

Die Vorurteile gegen Psychotherapie nehmen ab

Psychotherapie ist umstritten, auch heute noch. Allerdings nehmen die Vorurteile gegenwärtig ab und breite Schichten der Bevölkerung haben gelernt, dass der Gang zum Psychotherapeuten kein Eingeständnis einer Geisteskrankheit ist, sondern ein (fast) alltäglicher Weg, alltägliche Probleme anzugehen. Seit Bill Clinton berichtete, zusammen mit seiner Frau eine Therapie gemacht zu haben, ist die Normalisierung der Psychotherapie deutlich. Früher wurden noch Präsidentschaftskandidaten dadurch unmöglich gemacht, dass ihre Gegner der Öffentlichkeit entsprechende Informationen zuspielten.

Dennoch haben nicht wenige Menschen Angst, die Tatsache bekannt werden zu lassen, dass sie eine Therapie machen. Viele dieser Ängste sind unbegründet; vor allem die Furcht, eine solche Information könnte der Karriere schaden. Für einen qualifizierten Personalchef bedeutet die Tatsache, dass ein Angestellter eine Psychotherapie macht, letztlich nur, dass dieser bereit ist, etwas gegen seelische Störungen zu unternehmen.

Kein Personalchef glaubt, dass es in seinem Betrieb nur psychisch kerngesunde und stabile Leute gibt. Er weiß von Fehlzeiten, von Alkoholismus und chronischen psychosomatischen Krankheiten. Also wird er es eher problematisch finden, wenn ein Angestellter psychische Probleme hat, ihre Existenz aber abstreitet und die Verantwortung dafür nach außen delegiert. Die Psychotherapie eines zuverlässigen Angestellten ist heute in der Regel kein Karrierehindernis mehr, sie kann sogar unter Umständen mehr nützen als schaden: nicht weil der Betroffene missionarische Loblieder auf Therapie und Therapeuten singt, sondern weil deutlich wird, dass er davon profitiert hat, ausgeglichener ist und sich besser konzentrieren kann.

Angst vor Schwäche

Wer ein sehr schlechtes Selbstvertrauen hat, bemüht sich häufig, überoptimal stabil, stark und unangreifbar zu scheinen, da er es schon nicht sein kann. Aus diesem Grund findet er das Eingeständnis der geringsten Schwäche bereits unerträglich. Weil er sich so extrem unvollkommen fühlt, möchte er wenigstens den Eindruck der Makellosigkeit erwecken und verlegt seine eigene Neigung, sich extrem abzuwerten, in seine Umgebung.

Ähnliche narzisstische Probleme, die allerdings nicht durch Rückzug, sondern durch Angriff ausagiert werden, drückt ein Verhalten aus, in dem die eigene Psychotherapie nicht wie ein Makel verschwiegen, sondern wie die größte Tugend hinausposaunt wird. Die befürchtete Abwertung hat sich hier in ihr Gegenteil verkehrt, sie wird missionarisch abgewehrt. Das eigene Psychotherapiebedürfnis signalisiert nicht Unvollkommenheit.

Im Gegenteil: alle Menschen, die nicht einsehen, dass sie Psychotherapie brauchen, sind erheblich gestörter als ich!

Informationspolitik

Für das Gelingen einer Therapie ist eine möglichst natürliche Informationspolitik am besten: weder missionarisch noch konspirativ. Andere Leute gehen zum Zahnarzt oder zur Krankengymnastik, machen einen Yogakurs oder lernen Aikido; ich gehe zur Psychotherapie. In sozialpsychologischen Untersuchungen über gelingende Therapien haben sich die Freunde und Unterstützer der Therapie (friends and supporters of psychotherapy) aus dem sozialen Umfeld des Patienten als wesentlicher Beitrag zum Gelingen erwiesen.

Wie den „richtigen" Therapeuten finden?

Wir wissen heute aus vielen Forschungen, dass nicht die wissenschaftliche Methode, sondern die persönliche Beziehung zwischen dem Therapeuten und seinem Patienten für den Erfolg einer Psychotherapie von ausschlaggebender Bedeutung ist. Daher können Empfehlungen über die richtige „Psychotherapieschule" (z.B. Psychoanalyse, Verhaltenstherapie) den persönlichen Kontakt nicht ersetzen. Am besten ist es wohl, sich eine Liste der kassenzugelassenen Therapeuten in der näheren Umgebung zu beschaffen, mit dreien ein Vorgespräch zu führen und sich für die oder den zu entscheiden, mit dem in diesem Vorgespräch die Zusammenarbeit am besten gelingt.

Ist der Leidensdruck groß genug?

Die Unannehmlichkeiten einer Psychotherapie nimmt nur in Kauf, wer anders nicht mehr klarkommt. Die Freundinnen können nicht mehr zuhören, die Eltern reagieren mit Vorwürfen, der Partner denkt an Trennung. Für die im Inneren gesammelten und anders nicht lösbaren Probleme des Kandidaten für eine Psychotherapie hat Freud das Wort vom „Leidensdruck" geprägt. Wer ihn nicht verspürt, der bringt in der Regel auch nicht die Kraft für eine Psychotherapie auf.

Das gilt beispielsweise für Kriminelle, die sich selbst in Ordnung und nur Polizei und Staatsanwalt störend finden. Ähnlich unmöglich ist eine Psychotherapie bei praktizierenden Alkoholikern und anderen Abhängigen: So lange sie ihren Leidensdruck mit Hilfe der Sucht abbauen können, spotten sie jeder ernsthaften Therapie. Sie hätten gerne Hilfe, aber bitte keine, die einen Verzicht auf die Betäubung fordert. Aber wenn sie diesen nicht durchsetzen kann, bleibt die Therapie ohnmächtig.

In eindeutigen Fällen ist der Leidensdruck groß und die Aussichten, auf anderem Weg zu einer Heilung zu kommen, sind erschöpft. Bei psychosomatischen Erkrankungen haben die meisten Psychotherapiepatienten schon ihre Erfahrungen mit der Organmedizin gesammelt. Sie wollen nicht resignieren und sich auf eine lebenslange Behandlung mit chemischen Stoffen oder eine Operation einlassen.

In anderen Fällen ist Psychotherapie ohnehin das einzige Mittel, das Erfolg verspricht: Wenn ein Mann beim Verlassen des Hauses eine Stunde damit verbringt, sich zu vergewissern, dass die Tür auch wirklich abgesperrt ist, und jede Woche ein neues Türschloss kauft, dann wird er eine gewisse Folgerichtigkeit darin sehen, dieses Zwangssymptom mit Psychotherapie und nicht mit einem Medikament zu behandeln. Ähnliches gilt für neurotische Ängste oder akute Verzweiflung, die nach der Trennung von einem Liebespartner auftreten.

Eine Psychotherapie versuchen, das heißt, die eigenen seelischen Störungen und Behinderungen ernst zu nehmen. Nehmen wir einen harmlosen Vergleich: wenn der Wasserhahn tropft, können wir einen Installateur rufen oder versuchen, uns mit unserem Schraubenschlüssel selbst an die Arbeit zu machen. Wenn uns die Reparatur gelingt, haben wir die Rechnung des Installateurs gespart und können stolz sein auf unser Geschick. Wenn sie misslingt, ohne dass sich etwas verschlimmert, können wir immer noch den Installateur rufen. Wenn aber bei unserem Reparaturversuch alle drei Wohnungen unter der unsrigen einen Wasserschaden erleiden, sollten wir daraus die Lehre ziehen, dass wir nicht dazu geschaffen sind, Wasserhähne aufzuschrauben, und das nächste Mal gleich den Fachmann rufen.

Alle Vergleiche hinken, aber die Literatur wäre langweilig ohne sie. Mit dem Beispiel ist gemeint, dass seelische Belastungen, die wir mit unseren eigenen Mittel verarbeiten können, uns stärker machen. Andere hingegen, in denen unsere Mittel so überfordert sind, dass die Belastung unter ihrer Anwendung nicht allmählich leichter, sondern immer größer wird, rufen nach psychotherapeutischer Hilfe. In diesen Bedingungsgefügen spielt auch das Lebensalter eine wichtige Rolle. Wenn ein Zwanzigjähriger nach zwei Nächten mit einer Frau, die ihn zunächst fasziniert hat, impotent wird, kann er noch sagen: sie war eben nicht die Richtige. So muss er sich auf die Suche nach der Richtigen machen. Wenn er im Alter von 35 Jahren und einer Liste von zehn „falschen" Frauen immer noch die Richtige sucht und nicht an therapeutische Hilfe denkt, scheint das eine schwerwiegende Verleugnung, eine Art Dreistigkeit, die ganz anders beurteilt werden muss als die unbekümmerte Lösung des Zwanzigjährigen.

Die Finanzierung

Teamsupervision wird in der Regel, Einzelsupervision je nach Aufgeschlossenheit vom Arbeitgeber finanziert. Angesichts der vielen überflüssigen Eitelkeiten, welche in der Konsumgesellschaft allein dem Etikett zuliebe gekauft und bezahlt werden, sind Investitionen in die eigene (Fort-)Bildung eigentlich immer noch die besten. Ein durchschnittlicher Supervisionsprozess dauert ein Jahr, umfasst etwa 15 Sitzungen von je 60 Minuten und kostet pro Sitzung zwischen 50 und 110 €, je nach den Ansprüchen des Supervisors und dem Verhandlungsgeschick des

Supervisanden. Das ist eine monatliche Belastung, die etwa zwei Restaurantbesuchen entspricht.

Gruppenpsychotherapie wird manchmal von den Kassen finanziert. Selbstfinanzierung ist hier – ebenso wie bei Balintgruppen – durchaus möglich angesichts von Kosten, die monatlich zwischen 50 und 110 € liegen. Einzelpsychotherapie ist teurer; es wird dort mindestens an einem, oft aber an noch mehr (zwei bis vier) Terminen pro Woche gearbeitet. Das ist mit einem Durchschnittsgehalt nicht mehr finanzierbar, aber sowohl die gesetzlichen wie die Privatkassen übernehmen die Kosten in unterschiedlichem Umfang, meist bis zu 100, in Psychoanalysen bis zu 300 Sitzungen. Voraussetzung ist, dass die Therapie notwendig und aussichtsreich ist; das wird von einem Gutachter festgestellt, dem der Therapeut einen anonymen Bericht vorlegen muss.

Jeder Psychotherapeut kann fünf Sitzungen („probatorische Sitzungen") auf Krankenschein (also ohne Bericht an einen Gutachter) abrechnen.

10

Schluss: Entschleunigung als Qualitätsmerkmal

„Es ist eben eine schnelllebige Zeit!" Dieser Spruch fällt bei verschiedenen Anlässen – wenn etwas in Vergessenheit geraten ist, was eben noch bedeutsam schien, wenn es keine Ersatzteile mehr für das Fahrrad gibt, das wir vor ein paar Jahren gekauft haben, wenn das neue Schreibprogramm des Computers nicht kompatibel ist mit dem alten. Der Satz bezeugt, dass heute Apparate unser Zeitgefühl stärker prägen als Organismen. Ob wir nun Autos, Flugzeuge oder die Informationstechnologie betrachten – überall entwickeln sich die Geräte in einem unglaublichen Tempo und verwandeln sich lange, bevor sie tatsächlich unbrauchbar sind, in Modeschrott.

Das Leben hat sein eigenes Tempo

Unser Leben hingegen behält sein Tempo. Wir atmen nicht häufiger als unsere Urahnen, wir verdauen nicht schneller und wir lernen zwar anders, aber nicht besser oder rascher als sie. Wenn wir das nicht respektieren und versuchen, den schnelllebigen Apparaten hinterherzuhetzen, werden wir nicht schneller, im Gegenteil. Wer sein Leben über das biologisch vorgegebene Tempo beschleunigen will, kommt nicht rascher voran, sondern bricht eher zusammen. Er kommt nicht weit, sondern muss sich von denen überholen lassen, die sich angemessene Erholung gönnen.

Wer sich für Biologie interessiert, würde eher sagen: es ist eine „schnellsterbige“ Zeit. Wir können nur schätzen, um wie viele Arten unser Planet täglich ärmer wird; bedenklich viele sind es auf jeden Fall. Wenn wir die Professionalisierung in der Pflege ernst nehmen, wird uns klar, dass sie mit zentralen Schwierigkeiten des Lebens in der technisch hoch entwickelten und an Konsumidealen orientierten Gesellschaft zusammenhängt: Sie kostet Zeit, wenn sie gut gemacht werden soll, sie lässt sich nicht leicht in messbare Schritte aufteilen, sie fordert Achtsamkeit.

Technische Lösungen im Qualitätsmanagement

Die technokratische Lösung von Unzufriedenheiten mit der Pflegequalität wäre eine immer aufwändigere Kontrolle mit Hilfe von Fragebögen und Dokumentationen. Um zu beweisen, dass gemacht wird, was (weitgehend) schon immer gemacht wurde, müssen die Pflegenden dokumentieren und zertifizieren. Die dafür aufgewendete Zeit geht den Patienten verloren.

Die meisten Praktiker mögen bürokratische Normierungen nicht. Manche sehen ein, dass sie notwendig sind, dass es Kontrolle geben muss, um Missbrauch zu verhindern. Aber die Menschen, welche sich solche Kontrollen ausdenken, haben selten einen engen und guten Kontakt zur Basis der in der Praxis Tätigen. Und umgekehrt sind die Praktiker von diesem Aspekt ihrer professionellen Arbeit oft so angeödet, dass sie sich fügen und vielleicht manches unterlaufen, wo es unauffällig geht. Sie wehren sich nicht, sie demonstrieren nicht, sie mischen sich nicht ein.

Diese Haltungen gehen in unterschiedlicher Ausprägung durch alle helfenden Berufe: Ärzte quälen sich mit ihrer Kassenabrechnung oder im Krankenhaus mit Formularen zur Qualitätssicherung, Psychotherapeuten mit den Berichten an die Gutachter, Pflegende mit den Dokumentationen, Erzieher mit Fragebögen, Lehrer mit den Zeugnissen. Zur Professionalität gehört es, auch unangenehme Aufgaben zu erledigen. Aber sie sollten sinnvoll

sein. Ihr Sinn müsste sich aus der Arbeit der Praktiker entwickeln, müsste diese fördern, nicht aber behindern, um Kontrollbedürfnisse und ökonomische Planungen von Verwaltungsfachleuten zu erfüllen.

Praktiker und Theoretiker

In dem Sektor der helfenden Berufe gibt es viel zu wenig (politische) Führung, welche Praktiker und Verwalter zusammenzwingt, bis sie bessere Lösungen gefunden haben. Es entstehen Teufelskreise, wenn die Pflegenden keine professionelle Eigenständigkeit und kein entsprechendes Selbstvertrauen gewinnen. Dann werden sie von außen kontrolliert und auf diese Weise in ihrem Selbstvertrauen weiter geschwächt.

In länger etablierten Professionen ist es eine fest verwurzelte Tradition, dass die Angehörigen der Profession sich gegenseitig überwachen, kritisieren und dadurch qualifizieren. Ein Chirurg muss sich nur sehr selten dagegen wehren, dass ein Nicht-Arzt seine Operationstechnik kritisiert. Wenn es geschieht, wäre er verblüfft, würde sich aber sofort zur Wehr setzen. Für Pflegende (aber auch z.B. für Sozialpädagogen) hingegen ist es selbstverständlich, dass sie solcher Kritik von allen Seiten ausgesetzt sind.

Jeder Verwaltungsbeamte, Theologe, ja jeder Angehörige weiß besser, was zu tun wäre.

Was allerdings noch problematischer ist: Manchmal suchen und verstärken die Pflegenden solche Situationen, übernehmen selbst keine Verantwortung und delegieren das Urteil über ihre Arbeit (oder auch die Bewertung, wer jetzt „besser" gepflegt hat) nach außen. Manchmal „decken" sie aus falsch verstandener Solidarität den Pfusch von Kolleginnen und müssen dann akzeptieren, dass ihnen nicht zugetraut wird, sich selbst zu kontrollieren.

In allen Bemühungen um Qualitätsmanagement erweist sich die Kluft zwischen den Verwaltungsexperten, den Statistikern, Ökonomen, Juristen und den professionellen Praktikern als Hindernis, das dann unüberwindlich wird, wenn wir es verleugnen. Besonders in der Pflege entwickelt sich schnell ein tiefes Misstrauen gegen alle, die nicht „an der Front" arbeiten bzw. gearbeitet haben und von daher „keine Ahnung haben" oder „sich einbilden, etwas besseres zu sein".

In der Pflege wurzelt das Selbstvertrauen in der Aktion

Es scheint mir wichtiger, diese Kluft zu verstehen, als sie zu beklagen oder mit moralischen Argumenten abzuwerten. Wer an der Front kämpft, macht Fehler, aber ohne ihn gäbe es den ganzen Überbau, die ganze Schar von Experten und Besserwissern nicht. Sein Selbstvertrauen kommt aus seinem Handeln. Wo er etwas tun kann, fühlt er sich gleichwertig, ja überlegen. „Vom Reden ist noch keine Windel gewechselt", sagte einmal ein trotziger Altenpfleger zum Supervisor.

Wenn es darauf ankommt, sein Handeln darzustellen, muss sich der Praktiker viel stärker als die Theoretiker mit den eigenen Fehlern und Mängeln auseinandersetzen. Je weniger technisch, überschaubar und kontrollierbar die Arbeit ist, desto „anstrengender" wird eine Darstellung des eigenen Tuns nach außen.

Wenn daher auf einem Treffen zwischen Theoretikern und Praktikern die Theoretiker die Praktiker an die Wand reden, ist das Kind schon in den Brunnen gefallen. Wirklich einsichtige Theoretiker, Führungskräfte (und auch Supervisoren) wissen, dass es ihre Aufgabe ist, sich von den Praktikern belehren zu lassen und sie zu ermutigen, das auch zu tun. Erst wenn die Praktiker sicher sind, dass ihre Arbeit wichtig ist und ihre Probleme wirklich ernsthafte professionelle Fragen aufwerfen, kommen beide Seiten weiter.

Bausteine zur lernenden Organisation

Ich habe in diesem Buch immer wieder die große Bedeutung von Gruppengesprächen betont. Sie sind das zentrale Hilfsmittel, um zu erreichen, was sich mit Schlagworten wie „reflexive Evaluation“ oder „lernende Organisation“ beschreiben lässt.[11]

Gemeint ist damit, dass in den sozialen Berufen – vor allem im Bereich der „neuen Helfer“ – eine befriedigende Qualität nicht durch äußere Kontrolle, sondern nur durch einen inneren Entwicklungsprozess erreicht werden kann. Dieser ist kein Gegensatz zur Kontrolle.

Der Lernprozess innerhalb der helfenden Berufe will im gemeinsamen Überdenken (Reflektieren) des eigenen Tuns und seiner Ergebnisse (Auswertung, Evaluation) Möglichkeiten erarbeiten: Wie kann es gelingen, den Menschen wirkungsvoller zu helfen und die vorhandenen Mittel optimal einzusetzen? Diese Überlegungen sind immer auch wirtschaftlich, aber sie sind niemals nur wirtschaftlich. Sie betreffen persönliche Einstellungen, Fortbildungsmaßnahmen, aber auch Organisationsabläufe in der Einrichtung, das Verhalten der Führungskräfte und die Verantwortung aller Einzelnen.

Ausblick

Über die eigene Lebensgeschichte und die Zusammenhänge zwischen persönlichen Bedürfnissen und professioneller Arbeit nachzudenken, ist ein Stück kreativer Verlangsamung. Wenn wir das tun, akzeptieren wir, dass wir nicht als Helfer-Roboter vom Band der Ausbildungsfabrik laufen und nun – regelmäßig vom TÜV überprüft – bis zur Berentung unsere Arbeit tun.

Wir haben einen Beruf gewählt, der viel mit uns selbst zu tun hat. Wir leben im Kontakt und im Dialog mit unseren Patienten, aber wir müssen diese Beziehungen auch überwachen und beruflich gestalten. Es geht darum, etwas dazuzulernen und neue Fertigkeiten zu entwickeln, aber ebenso oft auch darum, sich zu regenerieren, verschüttete und verlorene Qualitäten wieder zu finden – Humor, Zuversicht, Lebensfreude.

Anmerkungen

1 Nach einer häufig zitierten Untersuchung schätzen Pflegekräfte ihre Arbeitsbelastung so ein: 15 % entstehen durch die Patienten selbst, 25 % durch die physischen Anforderungen, 60 % durch den Interaktionsstress auf den Stationen (Pflege-Pflege, Pflege-Ärzte, Pflege-Funktionsbereiche). Vgl. Hinrich Jansen-Dittmer, Kerstin Münker: Burnout-Syndrom, Unsere Jugend, 51, 1999, S. 195–248

2 Während einer Tagung für Pflegeberufe erklärte ein Caritas-Manager, er habe sich das Buch über die hilflosen Helfer gekauft, es dann aber ungelesen in das Bücherregal gestellt. Während einer anderen Tagung verkündete ein Verwaltungsdirektor, er sei neulich als Patient in der eigenen Klinik gelegen, habe aber keine Spur eines Helfersyndroms bei seinen Pflegerinnen entdeckt.

3 W. Schmidbauer: Die hilflosen Helfer. Über die seelischen Probleme der sozialen Berufe, wurde 1977 zuerst veröffentlicht. Nach über zwanzig Auflagen erschien das Buch erweitert und unter einem geringfügig veränderten Titel 1993 als Taschenbuch.

4 Diese Situation ist in mindestens einem gut dokumentierten Fall dafür verantwortlich, dass engagierte und dabei naive Pflegende dazu kommen, mit kriminellen Mitteln solche „Opfer der Ärzte von ihrem Leid zu befreien". Einzelheiten in W. Schmidbauer: Pflegenotstand – Das Ende der Menschlichkeit, Reinbek 1992

5 „Wenn du meine Anwesenheit willst, bezahle mich. Wenn du mein Interesse willst, interessiere mich!“

6 Puristen werden einwenden, dass eine Fallbesprechung bei einem Vorgesetzten keine Supervision ist, aber im Sprachgebrauch dieser Institutionen waren solche Differenzierungen nicht repräsentiert.

7 Die Aufnahme einer sexuellen Beziehung zu Schutzbefohlenen gilt vor allem dann als schwerer Kunstfehler, wenn sie während oder unmittelbar nach einem professionellen Kontakt stattfindet. Man spricht von sexuellem Missbrauch, wenn ein Helfer Gefühle der Bewunderung und der Abhängigkeit, die seiner Rolle gelten, für persönliche Zwecke ausnützt.

8 So lautet der Titel des Hauptwerkes von Thomas Hobbes.

9 Hinrich Jansen-Dittmer, Kerstin Münker: Burnout-Syndrom – und wie man es sich nicht einfängt, Unsere Jugend, 51, 1999, S. 195–248

10 Nach meinen Beobachtungen trifft diese wechselseitige Eskalation durch das Zusammentreffen von zwei „Gegnern“ mit ungelösten Selbstgefühlsproblemen auch für die meisten jener Erscheinungen zu, die als „Mobbing“ beschrieben werden.

11 Ch. Argyris: Wissen in Aktion. Eine Fallstudie zur lernenden Organisation. Stuttgart 1997; O. Speck: Die Ökonomisierung sozialer Qualität, München – Basel 1999

Quellen

Wolfgang Schmidbauer: Hilflose Helfer. Über die seelische Problematik der helfenden Berufe, Reinbek 2000

Wolfgang Schmidbauer (Hrsg.): Pflegenotstand – Das Ende der Menschlichkeit. Vom Versagen staatlicher Fürsorge. Reinbek 1992

Wolfgang Schmidbauer: Der gesunde Menschenverstand in der Psychiatrie, in: Forum Supervision 7, Heft 13, März 1999, S. 108

Wolfgang Schmidbauer: Der Berater als Vitamin. Der Umgang mit narzisstischen Bedürfnissen in der Supervision, in: Forum Supervision 7, Heft 13, März 1999, S. 72

Wolfgang Schmidbauer: Helfen als Beruf – Die Ware Nächstenliebe, Reinbek 1999

Wolfgang Schmidbauer: Zur Supervision in einem analytischen Institut, in: Gruppenpsychotherapie und Gruppendynamik 34, Heft 3, 1998, S. 257

Wolfgang Schmidbauer: Wie Gruppen uns verändern, Reinbek 1999

Wolfgang Schmidbauer: Der neue Psychotherapieführer, München 1994

Index

D

E

F

G

H

I

K

L

M

N

O

P

Q

R

S